陈　廷◎编著

Nide Guanli
Guilinglema

# 你的管理归零了吗

优秀的企业都不是被竞争对手打败的，大多数是被自己打败的。
反省自己，经常"归零"，多方面看待"管理"，唯有这样，才能使自己和企业处于不败之地。

中国华侨出版社

**图书在版编目（CIP）数据**

你的管理归零了吗/陈廷编著．—北京：中国华侨出版社，
2012.4
ISBN 978－7－5113－2238－8

Ⅰ．①你…　Ⅱ．①陈…　Ⅲ．①企业管理　Ⅳ．①F270

中国版本图书馆 CIP 数据核字（2012）第 038851 号

● **你的管理归零了吗**

编　著/陈　廷
**责任编辑**/李　晨
**封面设计**/智杰轩
经　销/新华书店
开　本/710×1000 毫米　1/16　印张 18　字数 220 千字
印　刷/北京溢漾印刷有限公司
版　次/2012 年 6 月第 1 版　2012 年 6 月第 1 次印刷
书　号/ISBN 978－7－5113－2238－8
定　价/32.00 元

中国华侨出版社　　北京朝阳区静安里 26 号通成达大厦 3 层　　邮编 100028
**法律顾问：陈鹰律师事务所**
编辑部：（010）64443056　　64443979
发行部：（010）64443051　　传真：64439708
网　址：www.oveaschin.com
e-mail：oveaschin@sina.com

　　管理是每个企业永恒的主题，任何企业都离不开一些基本的管理思想和管理规律，这些就犹如水之源、树之根，要做好企业，提高人生的价值，管理者们就要静下心来追本溯源。

　　管理企业的最高境界其实就是打造一种企业精神，创建一种企业文化。因为企业的发展在初创时是靠产品，到了一定规模就要靠机制，做大了就必须靠企业文化。说得简单直白一点，创建企业文化其实就是对人的管理，而人的管理就是心的管理。从某种意义上说，心的管理就主张归零的管理。

　　作为一种源于复杂产品研制与生产领域的管理理念与过程模式，归零化管理近年来开始逐渐受到越来越广泛的关注与应用，因其所有的规范化、过程化、角度化、协调化的典型性以及极强的可操作性，对于企业提升质量改进过程的管理与运作水平，具有很好的借鉴与参考价值。

　　就过程而言，归零化管理的工作过程与传统的管理流程有类似之处，但其更倾向于以问题的发现与报告作为工作循环的切入点，一般包括质量问题反馈、问题分配、问题接收与处理、问题归零四个大的工作阶段，并循环执行。

现如今，随着世界大环境经济的高速发展，很多国内企业的管理者在急剧变化的市场中，一方面喜不自胜，另一方面又眼花缭乱。正因为如此，盲从、浮躁和急功近利的情绪像大雾般迷漫在天地间。各种管理理论、经营理念和文化观念像流行歌曲一样，各领风骚一两年。在今天这样的时代背景下，从事企业管理的一线领导者，若能从归零化管理中悟出真谛，不断地进行理性思考，并将自己的心得与大家分享，确实是非常明智的做法。

本书没有深奥的理论，没有晦涩的语言，侧重表现"管"只是暂时的行为，主张管理归零，主张员工自身的"管理"。阅读本书，可有助于公司领导在管理这方面更好地领悟执行这一概念，让自己的公司产生活力与高效。

# 目录

## 第一章 回眸管理原点：在管理领域内为自己找缺陷

有的人在路边看到一朵花，会将它摘下来，观赏、把玩并赞美它。而另一些人却会不动声色地在一旁观察、欣赏并感受它的美，绝不会将其摘下，据为己有。真正的企业与生命是类似的，企业家要建立有生命力的企业，就要学会关心人，关心人的心智，要以"生而不有，为而不恃"的管理思想的精神办企业。作为一个管理者，想在管理领域做出一番作为，首先要学会管理归零，从零开始，在自己身上找出缺陷，然后及时改正。

## 第二章 着眼现实定位：
## 识人第一，用人至上

　　人才是一个公司的灵魂之所在。很显然，公司里有没有人才，是一个大问题，这常取决于管理人是否具备识人、用人、管人的技巧。如果一个管理人会筑巢引凤，善于让人才当家做主，那么就可以使公司人才济济，到处都有能独当一面的人。如果缺了人才，就等于没有和别人较量的资本。

**第三章** 强化管理才能：
高效管理者带出高素质员工

　　作为一名管理人，必须具备较高的管理素质，把公司管理得井井有条、人人都按照你的意志办事。有些管理人，不懂得适用归零管理，不注意自我素质的培养和提高，而一味地要求员工这么做、那么做，甚至采用高压手段，强人所难。要当好管理人，一定要有好的素质，才能带出一批素质更高的人。

**第四章** 进行深入考核：
绩效是最有力的无形标杆

　　有些管理者总爱罗列出各种条条框框，以此"管理"员工，其实此法并不过分，但真正的管理之道是：让员工自己对照"绩效"这面无情之镜，看看自己每天做了多少。

## 第五章  整合优化流程：
## 发挥集体作战的意识和功能

管理人应当最忌讳的一点就是有些"能人"只顾自己冒尖，不注意团队作用。一两个人能起带头作用，但一两个人绝不能起全部作用，况且整体大于部分之和呢！因此，要把大家拧成一股绳，充分发挥"集体作战"的意识和功能，打好每一"仗"，取得规模化效益。

| 第六章 | 回归本职责任：
树立员工的责任与荣誉感 |

　　责任与荣誉并非大而无当的空话，而是每一个员工都必须认真思考的、事关切身利益的大问题。试想，没有责任，怎能为工作而尽心？没有荣誉，怎能向上进取？以这两点为突破口，管理者就能把管理理念真正落实到员工的心上，让他们去努力获得工作的"金牌"！

**第七章** 辨明主力优势：
授权之后员工都是主力军

掌权需要技巧，不需要耀武扬威，更不需要人人向你低头。很多管理人一旦手中有了权，就精神起来，腰杆挺得笔直，说话声音特高，结果把权力变成维护自己的手杖。而管理人则善授权，然后集权。当员工有了权力感的时候，就会多一份责任感，管理人的权力就有了很强的辐射力，权力的力量就更大了。

**第八章** 漏洞标本兼治：
以提高成效为大任，对症下药

管理公司，没有成效是不行的。合格的管理人总是以提高成效为大任，每天都在想办法改变工作效率低下的弊病。抓效益，要从具体的工作环节开始，越是做不好的事，越要做好。因此，"对症下药"是管理人的本领所在。

## 第九章　协调组织关系：
## 把矛盾都消除在萌芽状态

处理公司上上下下的关系，是一门很深的学问，管理人应该懂得如何协调好各种关系，把矛盾都消除在萌芽状态，让大家和和气气，互相协调，形成"一股绳"，把手头的工作都干得很出色。这就需要管理人巧于沟通，处处留心上上下下的潜在问题。

## 第十章 | 设定目标：领导看多远团队就走多远

对于一个团队而言，领导者设定的目标是照亮前进路途的灯塔。以目标为盾，困难、障碍之矛就显愚钝得多。一个好的目标既不能鼠目寸光，也不能好高骛远，它彰显的是管理者的智慧。而快速、正确的决策是缩短起点与目标距离的有效途径。这就需要管理者必须具备很高的管理、决策水平。

# 第一章　回眸管理原点：
## 在管理领域内为自己找缺陷

　　有的人在路边看到一朵花，会将它摘下来，观赏、把玩并赞美它。而另一些人却会不动声色地在一旁观察、欣赏并感受它的美，绝不会将其摘下，据为己有。真正的企业与生命是类似的，企业家要建立有生命力的企业，就要学会关心人，关心人的心智，要以"生而不有，为而不恃"的管理思想的精神办企业。作为一个管理者，想在管理领域做出一番作为，首先要学会管理归零，从零开始，在自己身上找出缺陷，然后及时改正。

NiDe GuanLi GuiLingLeMa

# 归零，找到自身的思维盲点

作为一名管理者，整天忙忙碌碌，既要处理企业内部的各种矛盾，又要协调繁杂的外部关系，多数时间处于浮躁状态。在浮躁的心态下，不可能进行管理悟性的修炼。由此看来，先通过归零的管理方法，找到自身的思维盲点是管理悟性修炼的第一步。

在大中型企业里的人才众多，在管理者队伍中更是藏龙卧虎。但是在这些"龙虎"中许多人却只是默默地藏着、卧着，未能形成龙吟虎啸的气势，他们的才能在很大程度上被浪费了。

使"龙"藏而不腾，"虎"卧而不跃的原因有很多方面，客观的，如体制、机制、上级有意无意地压制束缚等；主观的，如自身的思想、方法、作风等。这里只从主观方面加以分析。

凡事皆在人为，管理者尤其如此。据笔者观察，在许多情况下，如果一个很有潜力的中层领导管理者，本来可以大有作为却始终无所作为，或作为不大，与其过多地埋怨体制、机制和上层，不如更多地从自身去查找原因。正如费拉尔·凯普先生所说："工作中是没有任何借口的，失败是没有任何借口的，人生也没有任何借口。"

1. 过度自信的盲点

管理者自我束缚的因素之一是过度自信。这种中层领导管理者一般比较有才气、有见解、有能力，因而他们也易于自我估计偏高，甚至有些自视清高、恃才傲物，看不起上级、看不起下级、看不起同级。

由于看不起上级，就不愿下工夫学习、研究、领会上级的指示和意图；看不起下级，就不愿意深入群众去做调查研究，汲取群众的智慧；看不起同级，就不愿意与同级部门同事作真诚的交流和沟通。这样一来，他们就会脱离领导、脱离群众、脱离管理层，继而孤芳自赏、孤掌难鸣。

具有这种状态的中层领导管理者，往往会因一得之功和一孔之见而傲视群雄，更加高估自己的能力和作用。也往往会因自己有些意见不被采纳、支持、赞同而觉得被孤立，进而愤世嫉俗，更加目空一切，从而逐步演变为一个不受欢迎的"孤家寡人"，最终被冷落一边，徒生怀才不遇的人生感叹。

对有恃才傲物倾向的管理者来说，最重要是走出过度自信的思维盲点。自信固然是人生成功的前提，但过度自信却会走向成功的反面。孔子云："三人行，必有吾师焉。"其实二人行亦必有吾师。尺有所短，寸有所长，人也是如此。

领导者之所以成为领导者，必有其所长；同级之所以与自己比肩而立，也必有其所能；群众也不能以等闲之辈视之，即便高高在上如唐太宗李世民，亦深知"水能载舟亦能覆舟"的道理，而我们却往往自命不凡，着实有些幼稚、可笑。

一个人，如果缺乏知人之明，那么一定缺乏自知之明；反之，一个人如果缺乏自知之明，也必然不能做到知人之明。既不知人又不自知的自信，必然是盲目的、有害的。

对于较有才气的中层领导者而言，如果不是把这种才气作为自恃自闭的本钱，而是把这种才气作为进一步向领导者、同事、群众学习的悟性基础，作为解剖自我、认识自我的智慧武器，那么，过度的自信就能转化为开放和自觉的自信。

海纳百川，有容乃大，有了这种开放而自觉的自信，你就会真正超越自我，进而超越领导者——获得领导者的广泛信任、支持；超越同事——获得同级的尊重和帮助；超越员工——获得员工的爱戴和拥护。由此获得才华成长和挥洒的更大空间，站在演绎人生豪迈的更大舞台。

2. "越位恐惧"的盲点

束缚管理者的主观因素之二是"越位恐惧"。有些中层领导者尤其是担任副职的中层领导者，对自身所负职责的边界不清楚，或虽然清楚，却不敢使自己的管理幅度达到边界线。究其原因在于"越位恐惧"。

他们信奉"宁可不到位，也绝不能越位"。于是我们便发现，在许许多多的企业或单位里，由于众多副职们担心越位而使工作不到位，继而形成因领导与管理的不到位而出现缺位。此时，正职或上级见出现缺位，便自觉不自觉地去补位，从而造成正职或上级的"错位"。

由于上级或正职补到了下级或副职的位置上去，上级代行下级职责，正职代行副职职责，造成整个组织的领导管理水平下降一格半格不说，还使上级与下级或正职与副职，均不在其位而谋其政，使得领导错位失职，管理失范混乱，组织效率效益大为降低，从而削弱了整个组织的生存发展能力或竞争力。

克服"越位恐惧"，除了作为上级或正职领导者，要正确认识和处理集权与分权、控制与放手的关系外，作为下级与副职者，首先需要增强工作的责任心。什么是工作？工作就是负责任。一个企业或单位之所以设置副职或下级领导，本身是工作责任的需要。如果因"越位恐惧"而使工作不到位、责任不到位，副职或下级领导职位的设置，就失去了应有的作用和意义。

"越位恐惧"者的心里还有一层顾虑，是担心别人或上级说自己想争权夺利，想以工作不到边界之位而"留有余地"（余权余责）的方式，表明自己无二志或者无二心的"清白"和"不争"。其实这是一种私心在作怪——不担心整个组织受损，而担心自己的个人名利受损。

事实上，真正争权于朝、争名于市的人，反而是没有这种"越位恐惧"心理的人。因此，一切有责任心的中层领导者都应使工作尽职尽责，不要因忌讳别人的闲言碎语而使工作不到位。一般而言，工作职责到位并不会产生越位问题。相反，如果遇到上级或正职的疏忽而出现了工作的缺位，作为下级或副职还应及时而得体地采取措施，加以"补位"和补充，不使这种疏忽酿成大错，这才是下级或副职应有的正确态度，也是作为一个称职的中层领导者的应尽之责。

上述两种思维盲点，使管理者往往居中位而不坚，形成"中软"或"中阻"现象。犹如一个人患有严重的腰肌劳损或腰酸背疼的疾病而浑身乏力一样，一个企业或单位的竞争力、战斗力，必然会因"中软"或"中阻"而被严重削弱。

改变或医治这个疾患虽然需要多管齐下，但管理者主动地改变自我，通过改造自我的主观世界，从而改变或调整主观世界与客观世界的关系；通过认识改变自我，从而改变或调整人与我之间的关系，这无疑是非常关键的一环。

要改变他人，先改变自己，要改造客体，先改变主体，这也是从我做起、从现在做起的要义。

# 过于自满终走向刚愎自用

身为管理者本身有一定才干，但是如果过于自满，则容易走向刚愎自用。刚愎自用是一种病态心理。这种病态心理能够让人迷失心智、思维简单、固执、守旧、教条主义。其显著的症状就是目中无人，唯我独尊；其次是死要面子，拒不纳言；再者是好大喜功，揽功诿过。这种病态心理的危害在很多时候是无法估量的。

大凡"刚愎自用"之人，手中都有一定的权力，或者是某一领域小有名气的专家。在这些权力或领域内，他人要向其请示或报告工作，这也就是其刚愎自用的资本。

首先，我们看一下"刚愎自用"者的第一个症状——目中无人，唯我独尊。自高自大、自我欣赏、自我陶醉甚至自我崇拜，是这一症状的主要表现。

他们虽然没有整天喊着"我是天下第一"，也没有在自己的办公室里挂个条幅上书"我是天下第一"，但他们的所作所为，无不说明他们的目中无人、唯我独尊。在他们的语言里使用最多的词汇是"我哪有怎样"和"你错了"。

其次，我们再看一下这类人的第二个症状——死要面子，拒不纳言。前面说过了大凡"刚愎自用"者多是管理者（领导）和专家，所以他们很在乎自己的面子，自尊心都特别的强。如果有哪位敢"冒天下之大不韪"，指出其缺点和错误，或是在某事的处理上向其进谏，那么就将"死"得很难堪了。

因为对于这类人而言，下属劝谏就等于冒犯（特别是有他人在场的情况下），就是不服从领导。这类人一定会找个机会给劝谏者一点"教训"。

最后，我们看一下"刚愎自用"者的第三个症状——好大喜功，揽功诿过。这类人的最大嗜好就是自我肯定、自我表彰，做出一点成绩就四处炫耀、沾沾自喜。所以，对于这类人来说，溜须拍马者就是他的"甜果"，在其四周尽是奴颜婢膝、献媚取宠之辈，那些敢于直言者早已被打入"冷宫"了。

另外，这类人对自己的能力从不怀疑。自己的指导思想错了，是下属理解的错误；工作分配错了，是下属的配合不利；工作不能按时完成，是下属不积极工作；工作遗忘，是下属不能及时提醒。总之，这类人是不会认错的。这类人眼中的自己只有成绩，没有错误。成绩永远是自己的，错误永远是别人的，通常最多的是下属的。

以上是对"刚愎自用"者最显著的几个症状的分析。总之，这类人永远是以"我"为中心。唯我独尊，我天下第一；自己永远是对的，别人永远是错的；自己高高在上。有此症状的领导者或专家，如不能及时治疗，最终的结果只有一个，就是威严扫地、颜面丢尽、丢官罢职、为人所不耻。

如果你想成为优秀管理者，有所成就，就要避免以上的问题，杜绝刚愎自用的心理！

# ↘ 了解员工的需求

一个团体汇集来自五湖四海、四面八方的人。作为管理者，你想过没有：这些性情各异的人为何会聚集在你的周围，听你指挥，为你效劳？

俗话说："浇树要浇根，带人要带心。"管理者必须摸清下属内心的愿望和需求，并予以适当地满足，才可能让众人追随你。如果一个管理者没有一定的人格魅力，不能产生行为感召力，员工不可能心悦诚服，真心跟从他。下面是专家的分析，将大多数员工的共同需求总结出来，领导者一定要谙熟于心。

大多数职员的共同需求：

1. 做同样的工作，拿同样的钱

大多数员工都希望他们工作能得到公平的报偿，同样的工作得同样的报酬。员工不满的是别人做同类或同样的工作，却拿更多的钱。他们希望自己的收入符合正常的水平。偏离准则是令人恼火的，很可能引起员工的不满。

2. 被看成是一个"人物"

员工希望自己在伙伴的眼里显得很重要。他们希望自己的出色工作能得到承认。领导者鼓励几句、拍拍肩膀或增加工资，都有助于满足这种需要。

3. 步步高升的机会

多数员工都希望在工作中有晋升的机会，向前发展是至关重要的，没有前途的工作会使员工产生不满，最终可能导致辞职。除了有提升机会外，员工还希望工作有保障，对于身为一家之主并要抚养几口人的员工来讲，情况更是这样。

4. 在舒适的地方从事有趣的工作

许多员工把这一点排在许多要素的前列。员工大都希望有一个安全、清洁和舒适的工作环境。但是，如果员工对工作不感兴趣，那么舒适的工作场所也无济于事。当然，不同的工作对各个员工有不同的吸引力，一样东西对这个人是馅饼，对另一个人可能是毒药。因此，你应该认真负责地为你的员工选择和安排工作。

5. 被你的"大家庭"所接受

员工谋求社会的承认和同事的认可，如果得不到这些，他们的士气就可能低落而缺乏效率，使工作效率受到损害。员工们不仅需要感到自己归属于员工群体，而且还需要感到自己归属于公司这个整体，是公司整体的一部分。所有的员工都希望公司赏识他们，甚至需要他们一起来讨论工作，讨论可能出现的变动或某种新的工作方法。不是小道消息，而是直接从领导阶层那里得到这样的消息，这将使员工感到他们是公司整体的一部分。

6. 领导者要有能力

所有的员工都需要值得信赖的领导者，他们愿意为那些了解他们的职责、能做出正确决策和行为公正无私的人工作，而不希望碰上一个"无能"的人来当他们的上司主管。

不同的员工对这些需要和愿望的侧重有所不同。作为领导者，你应该认识到这类的个人需要，认识到员工对这类需要有不同的侧重。对某位员工来说，晋升的机会或许最重要，而对另一位员工来说，工作保障可能是第一位。

鉴别个人的需要对你来说并非易事，所以要警觉到这一点。员工嘴上说想要什么，与他们实际上想要什么可能是两回事。例如，他们可能声称对工资不满意，但他们真正的需要却是要得到其他员工的承认。为了处理好人际关系，你应该了解这些需要，并尽可能去创造能满足员工大部分需要的条件。为此而努力的领导者会与他的员工相处得很好，使得上下一心，有效地、协调一致地进行工作。

## ↘ 懂得信任员工

管理者为了挖掘员工的潜力，最大限度地发挥员工的积极性和创造性，普遍采用了高工资、高奖金、晋升机会、培训、优厚的福利等激励手段。但在管理学家看来，这些手段并不是最好的激励手段。其实最简单、最持久又最有效的激励并不是物质上的，而是管理者对员工的信任。管理者的怀疑和不信任，不但会造成企业的绩效下降，更严重的是会造成企业人才的大量流失。据一份调查显示，在企业中高层管理人员的离职原因里，"感觉企业对自己不信任"占有很大的比重。可见，管理者对员工的不信任正在使企业的人力资源遭受着严重的损失。

管理者之所以对员工不信任，是因为对员工的做事能力、品德或者良好的意图有所怀疑，而这种怀疑会大大伤害员工的自尊心，也使员工的社会认同感受到严重的打击。感受不到被需要、被尊重的员工自然要离开企业，去寻找一个更能满足他们的自尊和认同感的公司。

在海尔集团，崇尚人才是他们的管理哲学。海尔认为，企业的发展离不开各种人才的支持。所以，海尔的每一位员工都得到了真正的尊重和信任，海尔为所有的员工提供发挥才能的机会。海尔的管理者张瑞敏曾说"你能翻多大的跟头，就给你搭多大的舞台"，在这样的氛围中，每一位员工都感受到了自己的价值，认为自己被企业需要，所以能够焕发出无尽的潜能，使海尔具有源源不断的生机。

管理者对员工的怀疑和不信任还容易造成"管理过多"的问题，从而妨碍员工的成长。管理者怀疑员工的工作进度，不断地进行确认和监督，员工也会越来越多地依赖管理者，将本应承担的责任推到管理者身上。而且，不信任员工的管理者还会对员工实施监控措施，从而使员工产生防御心理。这样的互相防御使得整个组织陷入信任危机，难以形成协同合作的团队。员工一方面要工作，另一方面还要处处提防，自然难以形成高的工作效率。

不信任更会使员工难以全身心地投入工作，也就难以发挥出自己的能力。没有人喜欢在"监视"下工作，当员工感受到自己的能力发挥受到威胁时，就会选择离开。

管理者的怀疑和不信任不可能换来员工的忠诚，员工的大量流失就不可避免。而企业的人才流失，将会使整个企业陷入一种恶性循环，不但成本增加，而且要频繁地进行人才的招聘和培训，企业的竞争力将不断下降。

# ⬂ 避免工作方法一成不变

某公司老总提拔了两位年轻管理者 A 经理和 B 经理，他们都是刚从技术工作提升到技术管理职位的。A 经理觉得责任重大，技术进步日新月异，部门中又有许多技术问题没解决，很有紧迫感，每天刻苦学习相关知识，钻研技术文件，加班加点解决技术问题。他认为，问题的关键在于，他是否能向下属证明自己在技术方面是如何的出色。

B 经理也认识到技术的重要性和自己部门的不足，因此他花很多的时间向下属介绍自己的经验和知识；当他们遇到问题，他也帮忙一起解决，并积极地和相关部门联系与协调。

3 个月后，A 经理和 B 经理都非常好地解决了部门的技术问题，而且 A 经理似乎更突出。但半年后，A 经理发现问题越来越多，自己越来越忙，而下属似乎并不满意，于是觉得很委屈。B 经理却得到了下属的拥戴，部门士气高昂，以前的问题都解决了，还创造了一些新发明。

对优秀的管理者而言，真正意义上的成功必然是团队的成功。脱离团队，去追求个人的成功，这样的成功即使得到了，往往也是变味和苦涩的，长此以往对公司有害。因此，一个优秀的管理者绝不是个人的勇往直前、孤军深入，而是带领下属共同前进。

以上所提到的有关管理者的素质模型，是适用于任何性质和规模的企业。而最基础者，也是每个管理者所必须拥有的素质——专业知识与技能，则每个企业有不同的标准和要求。

掌握所需的专业知识与技能，是从事管理类工作的基本要求。它是发挥管理者的素质作用的基础，包括在对未来进行预测的基础上，制定有挑战性的目标；有效地培养人才；在下属和团队中树立影响与权威等。每个管理者可以根据不同的行业性质、自身需求，进行有针对性的专业知识与技能的学习与积累。包括财务知识、行业知识、专业知识、产品知识、商务经营管理知识，以及一些行业的相关法律、规定和规则方面的知识。

技术人才如何成为成功的管理者的六个要诀：

新经济的兴起使得知识精英有机会走上管理者的位置。然而，要想做一个成功的管理者，仅具备高超的技术水平是远远不够的，还需要在许多其他方面加以修炼。

1. 学习沟通技巧

一位公司总裁指出："我们碰到最棘手、但又是最基本的问题，就是大部分的科技专才需要学习与人相处的技巧。"良好的人际关系是做好管理工作的基础，意欲走上管理岗位的技术人才，必须在这方面下大工夫。

2. 拓展知识领域

科技专家善于从技术角度来看待问题，这导致他们有时缺乏把握全局的战略眼光。学习一些心理学课程或参加 MBA 进修班等，拓展自己的知识领域，能极大地弥补技术人才在管理方面的不足。

3. 善于展现自己

许多科技专家经常拥有一些绝佳想法，但可惜的是，他们在展示想法时，不是让人感到无聊，就是引不起听众的兴趣。学习一些展示自己的技巧非常实用，而这也是管理者所应该具备的素质。

**4. 多听专家建议**

优秀的前辈和专家，在企业的运营、管理等许多方面，都具有丰富的经验。如果一个技术人才想要走上管理者的位置，多听从他们的建议，必定会受益匪浅。

**5. 平时积极磨炼**

对技术人才来说，在工作中乐于承担责任，能很好地锻炼自己的领导能力，并为事业的发展打下基础。比如，负责一些新方案的实施，或主动分担上司的工作等，都是很好的锻炼机会。

**6. 充分了解自己**

并非每个人都适合当管理者，了解自己，发挥专长，成为资深科技专家，同样能达到事业的顶峰。

# ↘ 改掉自身坏习惯

很多管理者遇到身不由己的问题，是因为没有形成一个好的习惯，不会说拒绝。比如，有些管理者的工作习惯是什么紧急就先处理什么，谁来找就去忙谁的事，结果一天忙下来，给下属干了活、给上司干了事、给同事帮了忙，就是把自己的事搁在了一边，该做的事没做。作为一个在企业中占有重要地位的管理者，您是否有这些坏习惯？

**1. 没有计划**

很多管理者早上一醒来之后，大脑中模糊地觉得今天有一个什么样的安排，但是没有变成一个很明细的计划，到办公室后就凭着大体的印象开始处理工作。然后，什么事情找到头上来了就处理什么事情，于是这一天就身不由己了。

如果下班前，有人问这些管理者们今天的工作内容，很多管理者说不出来当天的 8 个小时做了些什么事。如果让他回忆最近一个月的工作内容，很多管理者的脑海里是一片灰色，好像真正做事的时间也就那么一点点。

实际上，对于管理者，周计划和日计划是最关键的。而这些基础管理的工作，在我们的企业当中非常薄弱，很少有企业能够真正把周计划、日计划这样的基础管理工作坚持得很好。

2. 做事无重点

很多经营管理者的习惯，就是觉得每一件事情都很重要，每一件事情都需要完成，有时为了一件很小的事情，在那儿找数据，打电话求证，反复研究比对。但实际上经事后仔细分析，这件事情对他今天或者这段时间的工作，是无关紧要的，根本不值得花很多时间去处理。

3. 即使做了计划，也没有安排优先级

没有标记出哪些是最重要的工作，是今天必须完成的。结果再碰到一些干扰因素，到最后，最重要的事情没有做，而且还忘记把它转到第二天的工作计划当中去。结果过了几天，事到临头，才发现这些事根本就没有完成。

4. 拖延时间

有的管理者认为，反正企业中有忙不完的工作，所以在工作中养成了拖延时间的工作习惯。

亚里士多德说："优秀是一种习惯。"如果我们把任何事情都做好，使优秀变成了自己的一种习惯，那无疑你是最有竞争力的。某些管理者就某些方面或做某些事情的能力而言，绝对是非常优秀的。但是，为什么不能成为优秀的管理者？就是因为他不能在所有的时间里，在其经手的大部分事情上，坚持同样的效率；不能把高效率完成工作变成一种习惯，而仅仅是为工作而工作，为效率而效率。优秀的管理者与一般的管理者的差距，也就是能不能在90分钟内都把球踢好的差距。

一个企业的目标可能需要一年或者是几年的计划才能实现，就相当于一个90分钟的球赛，只有打满一个整场，才能看得出管理者做得怎么样。但是有的管理者做事，往往只能是在某一时间、某一事件做得很好，很难保证企业在90分钟的比赛当中都很杰出。借用足球运动当中的一个字，就是这些管理者管理的技术水平太"糙"，基础管理太差、细节管理太差，没有养成一种良好的职业习惯和素养。

诸如计划管理、第二象限工作法，这些时间管理的工具就方法本身而言都非常简单，难就难在要它成为管理者乃至老总们的习惯。管理者的时间管理、细节管理，必须要从一件一件的小事做起，然后不断地去反复演练，最后形成习惯。这种习惯一旦养成，就成为管理者的一项竞争力。

正如在时间管理上，如果我们的管理者能够在时间管理上不断提升，不要说提高效率5倍、10倍，就算是提高10%、20%、30%的效率而已。这种时间管理、细节管理，也能够使我们的工作效率大大提高，从而增进我们自身的竞争力，同时也成功地实现企业的目标。

# ↘ 发怒也要"见好就收"

身为管理者，有时为了工作不得不斥责下属。然而，斥责人却比被人斥责难得多。

在责备下属的时候，千万不可以用到"笨蛋"或"混蛋"这一类的字眼。此外，责备的时间不可太长。

你可以强调言辞的内容来加深对方的印象。只要是稍有常识或自尊心的人，你这样提醒他，就足以让他知道事情的严重性。对于反应迟钝的人，有时不得不使用打击治疗法："你到底知不知道该怎么做？""你认为自己尽到责任了吗？"

有时候，你必须很大声地告诉下属："因为公司的要求严格，所以我也必须严格要求你。"尤其是对那些即使犯了错也认为"这没什么大不了的"，或是"只要不说，就假装忘记好了"的马虎型下属，更得清楚地告诫他们不能有这种想法。

除了对当事人之外，有时候也可以提醒周围的人，如果能让其他人产生"主管真的生气了！还是小心点好"的想法，那就成功了。此外，责备人的时候，一定要清楚地点明问题，如果让对方挨了责备也不知道是为什么，那可就一点意义也没有了。不但如此，还会让大家认为你莫名其妙呢！

"雷声隆隆"地指责完下属之后，别忘了适时地给予安慰。让挨了责备而沮丧万分的下属，有重新冲刺的勇气。但是，安慰要得法，可别让对方以为你是责备了人后悔，这样可就会产生让对方看轻的反效果。所以，在斥责与安慰之间，必须保持一段适当的时间，最好是在半天到一个星期之间。

进行管理时，偶然发一顿脾气的效果，要比你冷言冷语挖苦或用激将法来得有效。只不过，这是需要掌握天时、地利、人和的，否则在别人的眼中，你恐怕生气不成，还要被讥笑为疯子呢。

真正懂得精妙地运用"勃然大怒"于管理层面上的人，发怒的机会反而会很少，但其力量非常强劲深远。

发怒时应注意的四项守则：

1. 一战即胜的大发雷霆

真正能发挥效果的怒气，都看重事后的威力。故此，要掌握快、狠、准的要诀，不但要发对脾气、发对人，还要适得其所，才会有平地一声雷般的气势。只有这样，才能产生出真正奏效的吓阻作用。而自以为是的咬牙切齿，或恶狠狠地放冷箭伤人，日子长了却反会演变成一种积怨，实际上是一点效果也没有的。

2. 勃然大怒应适可而止

在工作中发怒要达到神奇的效果，发泄怒气的原因与理由必须让人清楚知道。因为发怒有理，才能发得心安理得，而事后彼此也能维持彬彬有礼的圆满结局。但最重要的，还是发脾气的人一定要知道收敛，否则若一时头脑不济而欲罢不能，动辄便来一次发作，三番五次没由头地大发雷霆，后果就难以控制了。

3. 对下对上发怒要有分寸

生气要对事不对人，所以，当你准备"以下犯上"时，一定要小心处理，而发怒的时机也是重要的因素。只要秉持尊重的态度，并且见好就收，相信一般明白事理的领导者，都会认真地听取你的宝贵意见！

# ↘ 喜怒哀乐不形于色

无论何人，只要在社会上混过一段时间，便多多少少练就察言观色的本领。他们会根据你的喜怒哀乐来调整和你相处的方式，并进而顺着你的喜怒哀乐来为自己谋取利益。你也会在不知不觉中，意志受到了别人的掌控。如果你的喜怒哀乐表达失当，有时会招来无端之祸。

因此，高明的掌权者一般都不随便表现这些情绪，以免被人窥破弱点，予人以可乘之机。

越是精于权术的人，城府便越深。

事实上，喜怒哀乐是人的基本情绪，世界上根本没有那种心如止水的人。

没有喜怒哀乐的人其实是很可怕的，因为你不知道他对某件事的反应、对某个人的观察，让人面对他时，有不知如何应对的慌乱。

其实，没有喜怒哀乐的人并不存在，他们只是不把喜怒哀乐表现在脸上罢了。对于管理者来说，在人际交往中，做到这一点是很重要的。所以，要把喜怒哀乐藏在口袋里，别轻易拿出来给别人看。

管理者一旦露出了真情，就容易为人所看穿，以至于受到拨弄，而导致做出错误的决策。

"喜怒不形于色"，亦即尽量压抑个人的感情，而以冷静客观的态度来应付事情，具备这种性格的人才配做管理者。

这种性格至少有三大优点：

1. 当组织内部遭遇困难时，如果管理者露出不安的表情或慌乱的态度，便会影响到全体员工。一旦根基动摇，就会带来崩溃。这种情况下，如果能保持冷静、若无其事的态度，最能安抚民心。

2. 在对外交涉时，具有从容镇定、成竹在胸的风度。如果把持不住露出感情，如同自亮底牌一般，容易被对方控制，而屈居下风。

3. 在官场上，不轻易表露自己的观点、见解和喜怒哀乐，被称为"深藏不露"，这是古今中外的管理者用以控制下属的一种重要方法。历来聪明的当权者一般都喜欢把自己的思想感情藏起来，不让别人窥出自己的底细和实力。这样，部下就难以钻漏洞，他们会对领导者感到神秘莫测，因而产生畏惧感，也容易暴露出自己的真实面目。领导者如同在暗处，下属如同在明处，控制起来就比较容易。

# ↘ 把"不幸"比喻为财富

从一定意义上讲，教训也是一笔财富。有人曾经把"不幸"比喻为一笔财富。其实，你对待失败也应采取这种态度。当你把教训看做财富，你会在失败中学到许多平时学不到的东西。美国人戴维·迈利民说："我在一生事业上犯过很多错误，每一次错误都是一个教训。从自己的错误和别人的错误中吸取教训，那就是精明。"

反败为胜，超越失败的重要条件，是要善于从挫折或失败中总结经验教训。我们应当从痛苦的教训中学习如何反败为胜。从普鲁士士兵成长为元帅的莫尔特克说过："我经常以极大的兴趣观察青年们的失败，青年的失败正是成长的标志。他如何看待失败呢？今后他又会怎样做呢？善罢甘休吗，还是更加奋勇前进呢？这些将决定他的生涯。"可以说，积累失败的教训，这正是向成功跨出的重要一步。

德国《时代》周刊发表过雷彭尼茨教授的长篇文章——《自大狂可休矣》。文章认为，现在西方国家无论在经济上还是文化上都面临着挑战，而且首先面临来自亚洲的强有力的竞争。雷彭尼茨说："正因为欧洲人拒不接受来自欧洲大陆以外的任何批评，在欧洲形成了一种'教训文化'。而这种'教训文化'是欧洲统一道路上的主要障碍。"这位教授指出：欧洲的未来最终将取决于欧洲社会如何由"教训文化"变为"学习文化"的能力和决心。

雷彭尼茨的文章虽然指出的是西方应改变文化观念，但他提出变"教训"为"学习"的方法，对凡是想反败为胜的人都是有启迪作用的。读者朋友不妨试试"主动学习"的方法，让它为你反败为胜助一臂之力。

"吃一堑，长一智"，吸取教训是非常重要的。但是"吃一堑"不会自动地"长一智"，关键还要看你能否变"教训"为"学习"。反败为胜必须主动出击，这里应当包括"主动学习"——主动变"教训"为"学习"。

"主动学习"的做法可以从自己开始，即"主动"向自己"学习"。

"主动学习"可以从别人那里学习别人的经验教训。这种形式的效果也不错。在今日美国，尽管交通管理部门、宣传媒介和学校教师不断地教育青少年切勿酒后驾车，可是实际上仍有不少青少年酒后驾车，并且由此而造成的车毁人亡的悲剧仍频频发生。为此，美国加州桑塔安纳市的市政当局试着用"主动学习"的方法，强迫酒后开车引发事故的青年人去"参观"在酒后驾车引发事故而丧生的人。市政当局在一家殡仪馆设置专门的"参观室"，室内停放酒后驾车引发交通事故的死者尸体。当验尸官把一具具可怕的尸体让他们"参观时"，他们一个个目瞪口呆，大吃一惊。此时，一名训导官便对酒后驾车的青少年晓之以理。训导官讲清道理，启发他们：为了使自己和别人不再被抬入可怕的停尸房，必须从此以后坚决杜绝酒后驾车的行为。据说，加州桑塔安纳市的做法果真取得了较理想的效果。凡"参观"过停尸房的青少年初犯者，99％的人不敢再酒后驾车。从某种意义上说，这也是一种反败为胜。

"别人亡羊我补牢"，也是"主动学习"别人经验教训的一种好办法。"亡羊补牢"的故事，大家都熟悉：有一家人发现自己的羊从圈里跑掉了，别人提醒他们赶快把羊圈修补好。这家主人却说："羊都丢了，再修圈有什么用呢？"这时，别人再次提醒说："亡羊而补牢，未为迟也！"失败难以避免，也不可怕。可怕的是不能从失败中吸取教训，不知道如何迈出反败为胜的重要一步。重要的是在失败与挫折面前，如何尽快地奋起，寻找补救的途径与方法。这样，你眼下的失败，或许正是把你引向成功的新起点。用"亡羊补牢"求得反败为胜并非轻而易举。

# ↘ 形同虚设比"虚设"更糟糕

有一个"禁止停车，违者放气"的故事。

有一个人的门前有一块空地，经常有一些人把车停在那里，妨碍他的活动。他又没有时间老是在那里看管这块地方，显然也不能靠收停车费来赚钱。于是他就在那里挂了一块告示牌："禁止停车，违者罚款！"可是他发现还是照样有人在那里停车。人们知道，这块空地的主人不能经常在这里，停一会儿车也不一定就被他看到，再说就是看到了，也不能真的对停车人怎么样——实际上他没有罚款的权利，顶多是训斥几句，让把车子开走了事。这个人见这一招不灵，又想出了一个办法：他把那块告示牌改成"禁止停车，违者放气"。自从这块牌子挂出去以后，就再也没有人在他门前停车了。因为想停车的人知道，"放气"是一件很容易做的事情，那块空地的主人完全可以做得到。而且一旦放气，停车的人就非常麻烦。

这个故事让我们想起了企业中许多为制止一些行为制定的处罚措施，往往订得很"严厉"，却还是有人违反，其中很多就是因为所订的处罚措施不易实施，最后形同虚设，甚至比"虚设"更糟糕，可能因此形成一种制度可以不遵守的"文化"。

如果所订的处罚措施正好"击中"行为主体的"软肋"——这种处罚措施非常容易实施，而且一旦实施，就给行为人带来不大不小的麻烦，这种表面看不太严厉的措施也许更为有效。

当年齐救赵时，孙子谓田忌曰："夫解杂乱纠纷者不控拳，救斗

23

者，不搏击，批亢捣虚，形格势禁，则自为解耳。"（《史记》卷六五《孙子吴起列传》）这个"批亢捣虚，形格势禁"，应该就是"击中软肋"的意思。

所以，找到"软肋"，是一种归零的管理智慧。

# 第二章 着眼现实定位：识人第一，用人至上

人才是一个公司的灵魂之所在。很显然，公司里有没有人才，是一个大问题，这常取决于管理人是否具备识人、用人、管人的技巧。如果一个管理人会筑巢引凤，善于让人才当家做主，那么就可以使公司人才济济，到处都有能独当一面的人。如果缺了人才，就等于没有和别人较量的资本。

NiDe GuanLi GuiLingLeMa

# 掌握揣人之情、知其所欲的本领

管理人是"将"，不是"兵"，"将"需要"兵"来辅助，这就要会识人。也就是说，管理人的本领不在于自己猛冲猛打，而在于能像个伯乐一样，挑出几匹好"马"，齐心协力干出一番事业来。因此，管理人一定要掌握揣人之情、知其所欲的本领，下面的三个方法不妨一试：

1. 在对方最高兴的时候，去加大他们的欲望，他们既然有欲望，就无法按捺住实情；

2. 在对方最恐惧的时候，去加重他人的恐惧，他们既然有害怕的心理，就不能隐瞒住实情；

3. 已经受到感动之后，仍不见有异常变化的人，改变对象，向他亲近的人去游说，这样就可以知道他安然不为所动的原因。

楚山的璧玉价值万金，如果卞和不把它剖开，也就和石头无区别。这说明识别人才很重要。

得到十匹好马，不如得到一个伯乐；得到十把宝剑，不如得到一个莫邪。

骏马虽然跑得很快，但如果没有遇见伯乐，也就无法一日而行千里了。这比喻人才要靠人识别、发现。

识人标准有三：一曰德，二曰量，三曰才。德即刚直无私，忠诚廉洁，而不能只是庸庸碌碌，无人诽谤也无人赞扬。量，指能接受正确意见，容纳贤才，而不能只是城府深，能忍耐，保住俸禄和地位。

才,指奋发有为,能随机应变,而不能只是耍小聪明,口齿伶俐,写公文熟练。

通过交谈去直接了解人性是最重要的方式。要注意在交谈中不能有任何不适合的气氛和环境,应当创造一个自然的、愉快的、轻松自如的谈话气氛。不一定要有目的地提什么关键问题,可以随心所欲地谈些无关紧要的话题。在谈话中,通过对方发表的对各种各样问题的看法和采取的态度,去把握他的心理、个性和胸怀,要善于区分对方的话语中哪些是真实的、能够体现其个性的语言,哪些是信口开河、不表示任何意义的语言。

激将识人之法对于了解男性或性格刚强的人的心理是很有效的。激将法的秘密在于其所运用的逆反心理,所谓逆反心理,指的是在某种特定条件下,某些人的言行跟当事人的主观愿望相反,产生一种与常态性质相反的逆向反应。这种现象在日常生活中是屡见不鲜的。比如某篇文艺作品本来不大引人注意,但一经评论,便会引起人们的极大兴趣;某些东西越是严禁,人们就越是希望得到它。举一个最简单的例子,你当着某人的面,说他做不了某件事情,对此有些失望等,他便会立刻想方设法去做成这件事,让你知道你对他的估计错了。通过这一激一反,你可以从中观察出他的心理特点和性格中的独特之处。在运用这种方法时,要注意分寸,要从善意出发。

通过观察去了解他人是一个良好途径。观察法是指在特定的环境中,对某个人的各种表现、待人接物等方面进行考察,得出综合印象,再经过自己的分析加工,最后把握其本质特点。这种方法是最易于实行的一种方法,因为它既不需要观察者去亲自接触其观察的对象,也不需要有意安排或预先准备,只需经常与其一起参加活动,能够在各种场合中看到其表现就行了。观察法又分为横向观察与纵向观察。前者是说要观察其在与各种人交往,遭遇各种事情时的态度、方式、风格、优点、弱点等；后者是说要有一段时间的观察，比如1个月、2个月、半年、1年等。因为仅通过一两次的观察，很难完整地了解一个人，必须要经过一段时间，从动态的方面去把握对象，才会形成完整的印象。

上述几种方法都是公司管理人亲身与所要了解的人正面接触才能取得结果的。而调查法则不必如此。它通过与被了解者的朋友、家人、同事、上下级等交谈，从这些人反映中获得材料。这种方式所获得的材料，仅是第二手材料，不如前三种方法所取得的材料可信度高。一般来说，你所接触的被了解者周围人的范围越广，这些人的个性越成熟，你得到的印象就越正确。但是，若想真正了解一个人，最好的办法还是亲自与他打打交道，这是最有效的方法。

有人说，管理人是指挥大师，不懂得几招硬功夫，是无法调度手下的，这话有道理。

## ↘ 必须克服的识人误区

管理人不是"精灵"，总会在识人过程中发生一些误判，而且这种误判会产生可怕的恶果，例如埋没了人才，或使人才外流，都使企业蒙受损失。

准确识人本无错，但是管理人识人的方法不对，往往使人才流失，导致企业效益下降，那就得不偿失了。下面几点可以使你"防患于未然"。

学历主义、论资排辈和唯出身论是影响识人的三大误区。要正确识人知人，就必须走出这三大误区，即克服学历主义、破除论资排辈、抛弃唯出身论。

1. 克服学历主义

学历，是指一个人在学校系统地学完规定课程并掌握相应知识的资历，这由学历资格和学习经历两个部分组成。前者代表一个人学问的程度；后者反映一个人学习的时间长短。两者一般由文凭统一表示，文凭上记载的学习时限和达到的学业程度，就是学习经历和学习资格的凭证。文凭的性质和作用原则上是它认可一种知识和获得新知识的能力。因此，在通常情况下，人们把学历和文凭看成一回事，以文凭代表学历。

由于文凭具有这种性质和作用，所以现代管理者一般把严格的学历要求看做保证人才素质的重要条件。有的公司在人事选拔任用制度上，对学历有明文规定，甚至达到十分严格的程度。

在选拔录用人才时。把学历作为一个条件是应当的，而且也是必要的。但是，如果不从实际出发，制定一些高学历的规定，对学历的要求十分苛刻，甚至以学历取人，大搞唯文凭论，则很难选拔出真正优秀的人才。古人说"才华秀出谓之英，胆力过人称之雄"。"胆力"就无法用学历文凭来衡量。学历，并不代表一个人真正的知识水平和实际才能，它只表示一个人可能达到的某种知识程度和可能向社会提供的劳动质量和数量，仅是对其才学程度和能力大小可以做出预测的一种根据。所以说，有学历不等于就有能力，有文凭也不等于有水平。无数事实说明，在没有较高学历、文凭的人中也同样存在着不少才华横溢、能力卓绝的人才。

仅以文凭取人，推行学历主义，实质是重资格，不重才干；重经历，不重能力；重名，不重实的用人路线。日本管理学家占部都美说："注重学历，只看毕业时间早晚的形式主义人事工作方法最省事，不需花费精力，但永远无法掌握正确识别人才的能力。"这种学历主义对于知人识人活动会带来不良的影响。

能否摆脱学历主义的影响，除了有完善的用人制度做保证外，关键还在于管理者的指导思想。不少优秀的管理者，能够自觉做到重能力不重学历，看水平不看文凭，因而取得用人活动的成功。美国一家年销售额为50亿美元的公司，它的兴旺全靠近年来连续抛向市场的5个新产品。这些新产品其中的三种，就出自一个8至10人技术小组的发明。这家公司的总经理很懂得用人的道理，全公司有博士头衔的科学家和工程师不下几千人，他却选中一个在军队里只得过中等学历但具有发明天才的人去领导这个技术小组。

2. 破除论资排辈

论资排辈是落伍的社会传统观念，不少人认为，"姜是老的辣"，"老将出马，一个顶俩"，"嘴边无毛，办事不牢"。论资排辈是社会生产力低下的时代产物，是一种习惯势力。它的出现和发展有着复杂的社会背景和深刻的历史根源。

在古代社会生产力水平低下的情况下，个人的知识积累和能力具备，主要靠自己的社会阅历。在那时，人们就开始把一个人的知识多少与年龄大小、阅历长短看成正比的关系，例如在原始社会的部落里，认为最有智慧的是那个最年长的老者。到了奴隶制社会和封建社会，论资排辈成为统治阶级的一根重要精神支柱，变成了维护他们等级特权的工具。

在论资排辈这种观念支配下的领导，只重视人的名分、声望和社会地位，不重视人的实际品行和才能，把徒有虚表的资格和辈分看得很有价值，而把人的实实在在的业绩看得一文不值。论资排辈的管理思想带有严重的保守性和封闭性，突出的表现就是瞧不起年轻人，压制后起之秀，排斥无名之辈。

论资排辈的用人者瞧不起年轻人，总认为"三斤鲜姜抵不上一斤老姜"，这是一种形而上学的思想方法。他们看不到年轻人身上那种十分可贵的创造开拓精神，看不到他们对新鲜事物的敏感和接受能力，也看不到他们显示出来的优异才能，只看到他们的幼稚和不成熟，主张用"十年媳妇熬成婆"的方式，让年轻人在论资排辈的"容器"里熬。这种陈腐的用人方法，无疑会窒息人们的才华和创造能力，压抑和埋没大批的优秀人才，给事业造成重大损失。

一个人的生命毕竟是有限的，年轻的时候正是干事业的大好时光。世界上许多有所作为、有所创造的杰出人物，都是在意气风发的青年时期崭露头角的。

具有卓识的管理人是不主张论资排辈的，他们清楚地知道，一个人的资历和辈分并不能代表他的真实品德和才能，充其量也只能提供某种线索和参考情况，绝不能以此作为用人的主要标准和决定性条件。他们为了有效地开展用人活动，总是要冲破论资排辈陈旧观念的束缚，坚持不拘一格选择任用有真才实学和卓越能力的人，尤其是大胆起用年轻人。

要消除论资排辈，管理人树立正确的用人观念是一个重要方面，同时，破除旧的用人制度也是一个不可忽视的条件。

3. 抛弃唯出身论

把出身作为一种选人用人的主要条件，有时并纯粹以出身取人，是一种陈腐的用人观念。以出身取人的用人者，门第观念十分严重，他们不问人的德才如何，只关心人的身份家世。在他们看来，"龙生龙，凤生凤，老鼠生儿会打洞"，故人的出身是一个人被任用的重要资格。

如果说学历和知识水平、年龄和阅历经验尚有一定联系，导致用人上的学历主义和论资排辈还情有可原，那么，以人的出身代替德才，在用人上搞出身论就未免显得荒谬了。虽说一个人出生的家庭环境在一定程度上对他青少年时期的成长有所影响，但这种影响相对于他本身的素质条件和离开家庭后独立生活的成长经历，毕竟是次要的。

出身高贵的未必德行高尚，出身卑贱的未必品行卑劣；出身富贵的未必知识富有，出身贫贱的未必才干拙劣，这是人所共知的道理。人类历史上曾经轰轰烈烈干出一番事业，作出贡献的人才中有不少是出身并不怎么好。所以说，出身不能反映一个人的品德才能，更不能决定他的一生。

管理人要想不在识人过程中出现误区，必须改变自己识人之法，打破传统观念，以自己的眼光和需要去观察人才、考验人才，才能有所作为。相反，如果光是用教条的办法评判下属，肯定是自己给自己堵死了一条活路，更谈不上求贤若渴了。

# ↘ 及时发掘下属的特点和能力

下面是当下最流行的识人才7法，这些内容或许可以帮你从多种多样的识人之法中找到更加实用的带有突破性的东西。

识人之法多种多样，管理人必须靠这些方法及时发掘每个下属的特点和能力，让他们各尽其责。

在一个公司里，一些工作人员的巨大潜力被浪费掉或未能得到充分的发挥，是常有的事。为了公司的利益，公司管理人应善于识别公司里的人才，使之不被埋没。

管理学教授乔治·奥迪约姆指出了该类人物的两个主要特征：

"明星"人物有超乎其所担负任务的工作能力；

通常他能完成更多的工作，且取得更好的成绩。

至少可以提出如下几个问题，用以识别你公司里的人才。

1. 他有没有雄心壮志？凡是人才必然有取得成就的强烈愿望，通过更好地完成工作，不断地去寻求发展的机会。

2. 有无需要求助于他的人？如果你发现有许多人需要他的建议、意见和帮助，那他就是你要发现的人才了。因为这说明了他具有解决问题的能力，而他的思想方法为人们所尊重。

3. 他能否带动别人完成任务？注意是否能动员别人进行工作以达到目标，因为这可以显示出他具有管理的能力。

4. 他是如何做出决定的？注意能迅速转变思想和说服别人的人。一个有才干的高级管理人员，往往能在需要的事实都已具备时立即做出决定。

5. 他能解决问题吗？如果他是一个很勤奋的人，他从不会去见公司老板说："我们有问题。"只有在问题解决了之后，他才会找到公司老板汇报说："刚才有这样一种情况，我们这样处理，结果是这样……"

6. 他比别人进步更快吗？凡是人才通常能把上级交代的任务完成得更快更好，因为他勤于做"家庭作业"，他随时准备接受额外任务。他认为自己必须更深地去挖掘，而不能只满足于懂得皮毛。

7. 他是否勇于负责？除了上面提到的以外，勇于负责是一个管理人的关键性条件。

管理人的识人方法之所以重要，是因为一旦认错了人，然后用错了人，都会形成极其被动的局面而后患无穷。如果能从上面提到的责任心、工作能力、主动性、决策水平等方面认准了人，那么你就会多一个或几个得力干将，搞好工作。

# 管理者的用人"大忌"

用人用到位，自不必说。在相反的方向，公司管理人就要防止以下弊端。

**1. 忌任人唯派**

表现为"以人划线"、"以派划线"，是"派"即举，唯"派"是用，借举贤荐能之机，行培植个人势力之实，大搞山头主义、小团体。

**2. 忌任人唯亲**

任人论亲疏，假公济私，将三亲六眷、七姑八姨及"亲我"、"近我"、"私我"者中的庸人当才使用；大搞裙带风，一人得道，鸡犬升天。

**3. 忌任人唯资**

用人不注重其实际能力，只讲资历、资格的深浅老嫩，论资排辈，小字辈只好委曲求全，"等年头"，实属误人害事。

**4. 忌任人唯全**

按图索骥，用人求纯、求全求之过苛，不能扬其所长，避其所短，故因瑕掩瑜，埋没人才。

**5. 忌任人唯顺**

"顺"即顺从，唯命是从者。不管才能如何，只图听话。喜欢恪守本分、循规蹈矩的看家守业者，视锐意改革的开拓者为逞能、狂妄，用前者保险稳妥，用后者没把握，怕捅娄子。

**6. 忌任人唯凭**

"凭"即文凭，用人看其是否"科班出身"，看"文凭"的轻重，看不到那些虽无文凭，而在长期工作实践中的自学成才者，对未进学校取得文凭而有卓越才能者，在量才上要压低几分，甚至投以"白眼"。

### 7. 忌任人唯风

"风"即一窝风、一刀切。不看本单位的实际情况选择干部，而是随风转。

### 8. 忌任人唯档

"档"即档案材料。只看档案材料，不注重考察实际表现；只看一时一事，不注重考察全部历史。对于员工的缺点及其在历史上发生过的错误，应当严格区分本质和非本质的界限，并看其是否改正了。如果一味地纠缠陈年旧账，就会埋没优秀人才。

### 9. 忌任人唯"洋"

认为凡是出过国、留过学的就一定比本国土生土长的强，只要出国镀过金的，不管其水平、能力如何一律重用；本国培养的，水平、能力再高，也得不到承认和重用。

正确的背后必然是错误，管理人能正常地发挥管理才能，更要预防错误的开始，这样才能扬长"预"短，立于不败之地。

# 赞赏会催人更加努力向上

你曾经受过上司的赞赏吗？得到别人的赞赏无异是得到肯定，接受了赞赏，就会催人更加努力向上。

管理人评估工作的成果可根据事实来赞赏，激励部属产生自信，努力提高成果。所以，赞赏也是指导部属的有效方法之一。

在工作告一段落，或工作过程中做中期的评估时，如果判断员工已适当地完成某部分的工作，达到有关工作目标，你便应该给予赞赏。

跟责备的性质不同，你应尽可能在同事面前公开地称赞员工，让他觉得受到肯定。对其他同事来说，也会以他为学习对象，努力达到预期的工作成果。

同时，称赞和责备不同的地方是前者可以在当场给予指导。员工因获得称赞而感到喜悦。

即使是再小的努力、再微不足道的成就，如果你注意到部属的认真，就一定得给予适当的赞美。

就算是一句简单的"谢谢你了"，如果部属感受到来自主管的赞许和诚意，也许当天下班时他的心情会比平常快活些，脚步会轻快些，甚至还会开心地哼上一两段曲子呢！

一般而言，要做某种改善工作时，要注意以下技巧：

是否符合工作（公司）的经营目标？

是否可以带来足够的利润？

如果不做这项改善措施是否会造成严重损失？

是否能把事情处理得非常完美？

是否合乎情理？

有些主管在审核一项提案时，往往会从上述 5 点去考虑该提案的价值，如果完全不符合上列 5 项要求，就绝对不给你半句好听的话。碰到这种主管，大概没有人能得到他的赞许吧！事实上如果一个提案能符合上述要点中任何一项的要求，就已经非常值得夸奖一番了。

电力公司分公司乔治·布鲁克经理到自己管辖内的山中工地去视察。当他发现其中有人工作非常卖力，即使那个人做出来的成绩微不足道，他还是会趁全体集合的时候大大地加以表扬一番。几年之后，该分公司一位退休的老职员来拜访笔者，他告诉笔者：

"我也是被乔治·布鲁克经理夸奖过的人，而其实我所做的只是不要让工厂里的木墙腐朽掉罢了。乔治·布鲁克经理甚至在早会时和公司里的刊物上特别嘉奖我，让我受宠若惊。当时我真的有种'死而无憾'的感觉。在公司里默默耕耘了这么久，终于有人认同我的成绩，我当时真是觉得没有任何遗憾了。而且这次公司举办的退休典礼，乔治·布鲁克经理也以来宾的身份参加了。最不可思议的是他竟然还记得我，而且在大家面前提起当年那件事，我感动得一直掉眼泪，不知道该怎么做才好。"

笔者认为乔治·布鲁克经理就是把这个信念发挥到了最高境地，而且他也因此成为一个非常幸福的人。我相信一定有不少他的部属会觉得"其实我们才真的是很幸运呢！有这么了解我们的上司"。

对初次会面的部属，包括新进的职员、从其他部门调来的职员，或是自己新调任其他部门中陌生的部属等，你应该注意些什么呢？

首先，你要仔细地观察对方。尽量发掘他的优点，并加以称赞。例如："你字写得真漂亮，在什么地方学的？"或是"工作完成了啊！效率真高。"等，至少要对优点之一加以褒奖才行。

对新任主管持有恐惧感的部属，听到这些话之后，就会十分放心，认为你已经了解自己的优点，因此也就产生更加努力工作的念头。虽然这只是一件很简单的事，但要实行起来却能获得很大的效果。

有些主管对初次见面的部属，为了下马威，因此一见面就随便地指摘或责骂，如此，便很容易伤害到对方，同时，随便指摘并非很严重的事情，也容易让人失去工作意愿，要知道，建立人际关系以第一印象为最重要。

任何人都会有优点和缺点，问题在于你是否能尽快发现部属的优点。假如你只一味地发掘部属的缺点，那么这个工作场所的气氛将变得很沉闷。

假如不幸初次见面就先看到部属的缺点，也应抹掉这个记忆，同时要特别用心找出此人的长处，并予以褒奖。

这种做法并不是一种创造对方工作意愿的技术，而是你对待部属应该采取的态度。首先，要先承认任何人都有其长处，才能展开其他的一切，也就是要安抚部属的心，才是最重要的。如果你认为所有的部属都很无能，就无法创造出有工作意愿的工作场所。

有些人虽然承认部属有优点，但是却不好意思夸奖他。事实上，这种想法是错误的。如果认为部属有优点，却没有说出来，那么部属如何得知呢！一定要把优点说出来，才算是承认这项优点。所以，你不要觉得难为情，而应该轻松地称赞部属。

夸奖部属是非常重要的事。如果部属有项相当不错的长处，或很成功地完成某项工作，或做了任何好事，就应该对他说："做得很好"或"辛苦！辛苦"等类似的话，他们才会觉得工作有劲头。

创造工作意愿，不仅靠褒奖就可以达到，在部属表现不理想时，更应该明确地提醒或指责。

这是身为主管应该要做的事情，但是有些主管却没有这么做，所以部属就会产生"只要照自己的方法做就可以"的不健全想法或行为，因此，规律就会日渐混乱。比较有良心的部属则会不知所措，同时，对准许部属任意行动的主管，也会产生不信赖感。

为什么不提醒部属呢？这大概是因为你的潜意识中，认为还没有充分得到部属的信赖，怕引起部属的误会或反感，因而迟迟不敢明确地提醒。

造成这种情形，可能是刚开始时没有明确地夸奖，并承认对方的优点。所以，虽然现在有点晚了，但也应该一改以往表面性的接触，和部属做更深一层的交谈，以便双方逐渐熟稔、亲密起来。假如明知部属的长处却不说出来，这是最不智的行为。

然而，工作方面的提醒，也并不是那么简单的事。并不是工作结果很好就夸奖他，不好就责备他。例如，指责自知做得不好，且在心理上已产生挫折感的部属，那就是一种很差劲的做法。遇到这种情形时反而应该好好安慰他，鼓励他东山再起才对。另外，如果某部属获得很大的成功，并且表现出"这些成功就都该归功于我"的表情时，你反而应该提醒他。

值得赞许的事要明确地夸奖，应该提醒的事也要清楚地提出，这样，才能确立团队的价值观，也是你对部属行动应有的反应。如果部属表现良好，你一句称赞话也没说，做出不理想的事情，也没有反应，部属看见你这种毫无反应的态度，当然就无法产生意愿来工作。须将对每一件事的感受明确地反映出来，才能创造意愿高昂的工作场所。

褒奖和提醒所占的比例，最好是褒奖多一点。如果提醒、责备的比例过多，内部士气就容易消极；但如果凡事都夸奖，也会造成监督不严，甚至反让部属怀疑你故意拍马屁，想利用他们。

所以，六分褒奖四分提醒可说最为恰当。但这个比例仍须视所经办工作量的多少，或个人成熟度的差异而不同。但是从一般情形来看，褒奖多一点总是比较好。

杰克的工作表现非常优秀，深获主管的赏识，但是最近杰克却向公司提出了辞呈，离职的原因是同事排挤他，让他觉得无法在这样的环境下继续工作。

主管仔细观察并找其他同事了解了情况之后，发现杰克因为工作能力强，对同事的态度傲慢，使得同事不愿与他交往。

甚至因为主管对杰克的赞赏，造成整个部门的工作情绪反弹，有人甚至表示留下杰克就离职，让主管非常头痛……

其实这个局面不仅仅是杰克造成的，同事、主管本身都需检讨。

杰克的工作能力很强，表示他 IQ 很高，但是，人际关系上出的麻烦，则显示出他的 EQ 需要强化。在团队里不能跟别人良好交往，那么他再强的能力都很难得到发挥，有时候反而会把集体的效益抵消掉，结果可能是一加一等于零。

这个案例是非常值得主管们注意的，主管应该要协助杰克学习处理人际关系，找他恳谈一番，让他有了一定的自觉之后，再教他改善人际关系的重要方法——建立"情感存款账户"。

这个"存款账户"第一个要存的款项就是要尊重别人的期望，凡事不要从自己的角度出发，试着站在对方的立场去思考，事情才会比较圆融。第二是平常和别人交往的态度要真诚、自然，千万不要恃宠而骄，否则当然会易引起同事的排挤。第三要勇于认错，做错其实没什么大不了，如能及时认错，就能把"提款"变成"存款"。

如果杰克听得进去这些话，主管不妨再带着杰克跟对立的同事坐下来，就过去的误会放开胸襟做坦诚的沟通，有错不要责怪，而应该讨论如果要做得更好需要用什么方法，并把方法找出来。从另一个角度来看，这样做也能让同事知道每个人都有优缺点，如果我们也能看到杰克在工作上的能力，学习他的优点，可能他的优势也是我们自己所拥有的，就不会彼此站在对立的角度。

再从主管的角度来看，这个故事的教训是：在公司或是团队中，不应该只注意培养冠军，否则会造成内部的竞争（在此特别要强调人与人的竞争是毁灭性的，思想与思想的竞争才是建设性与创造性的）。你要尽可能做到一视同仁，工作能力与人际能力都需要肯定，但不要额外特别的嘉赏。如果需要嘉赏，要避免别人的误会，可能私下做会比较恰当。如果你也能照顾到其他部属的感受，也给其他表现不错的部属适度的赞赏，在平衡的气氛下，比较容易建立和谐的工作关系。

像杰克这样的员工时常会遇到。必须让他认识到自己的态度对别人造成的伤害，认清自己欠缺人际交往的能力。虽然同事之间难免有"酸葡萄"、忌妒、"见不得人家好"等心态，但如果被联合排挤，并且有"你留我走"这种"不共戴天"的仇恨出现，就很值得主管高度重视了。

如果杰克现在不立即改善人际关系，即使换到另外一个公司，也难保不会发生同样的情况。

如果你是杰克的主管，一定要及时伸出援手，鼓励他勇敢面对自己做人方面的失败，并劝导其立即改变说话的语气和态度，在公开场合、会议上，尽量表现出自己已经"洗心革面"，希望同事能宽容和接纳他。

你还可以教他改善人际关系的小技巧，如在小卡片上写下："亲爱的工作伙伴某某，过去那段日子非常感谢您对我的容忍，从现在起我希望能向您学习做人处世的方法，还请你能够不计前嫌，多多指导。"用感性、婉转的语气表达自己的心意。

除此之外，你还应在适当的场合打圆场，尽力使部属对他的印象慢慢改观。这样，你不仅可以平息内部的矛盾，而且还保留住一位优秀的员工。

# ↘ 正确对待犯错的下属

下属犯错是难免的，管理人应怎样去对待呢？那就要批评改正。批得轻，难以改正；批得重，容易形成对抗。我们认为管理人处理这种问题的最好办法就是表演一场黑白脸的批评戏。

独角戏难唱，如果另有一个人配合，一搭一唱，效果必定很好。

例如，管理人严厉斥责一名年轻下属时，管理人的助理可以悄悄地将这名职员拉到另一个房间，扮演母亲的角色，告诉他："管理人是希望你将来能……"如果觉得言过其实的话，也可以在后面加以叮嘱，以免其自满自大产生任何疏忽。

所以管理人一般扮演黑脸，对部下大而化之，强悍一些，而助理则应心思缜密，缓解矛盾，从中调停，演一个白脸，这样，才能一起唱好这出戏。

有些管理人妄自逞能，一人演两角，一边称赞，一边叱责，结果弄得部下丈二和尚摸不着头脑，自己也弄得里外不是人。

在一般公司中，若要有效地进行赏罚，也必须由两个人来担任两个角色，合作来完成，不可奢想一人占两角。

因此，管理人要相机而动，掌握技巧。

1. 当下属不愿认错时，决不含糊

批评斥责的目的是使部下改正缺点，以后不再重犯。所以对不愿认错的部下，一定要严加斥责，让黑脸占主角，白脸迟些上场，因为对这样的部下，要先挫其傲气，否则白脸过早上场，他还以为是援兵到了，更不愿改了。

2. 对认错态度好的部下，点到为止，让白脸唱主角

对待下属，切不可伤其自尊心，损了面子。脸皮薄的部下，不可过于严厉，点到即止，让白脸发挥更大作用。

3. 你所选的白脸一定要可靠，配合得当才行

白脸的作用很关键，如果他信口开河，其后果将不堪设想。

聪明的、有能力的管理人，在下属出现失误时，懂得站在下属的立场上为他们排忧解难，当他们的挡箭牌。

批评他人必须掌握度，不能突破对方的心理承受能力，因为批评的目的是指出错在哪里，不是为个人出气，把他人整垮。批评者只是充满善意地向他人进忠告，忠告固然应该深刻，刺激信号应到位，力争让对方认识到过失的严重而翻然悔悟，但忠告必须使人能够忍受痛苦、自责、羞愧的折磨而不至于伤害自尊心。

大部分管理人看到员工的表现不合乎自己心意的时候，常会很矛盾，不知是否应将自己的意思表达出来。很多人容易将坦率直言跟人身攻击混为一谈。但事实上，会有攻击的情况发生，原因可能是由于你采取了迂回的方法，结果反而弄巧成拙，也可能是其缺少适当的沟通技巧。

作为一个管理人，如果你的部属犯错，例如经常迟到，你会怎样处理？你是否担心自己的态度太激进或带有敌意，而令该部属感到难堪？你自己是否有心理上的障碍，不知如何开口指出他的错误？你是否把面对面的沟通视为一项有待克服的困难，而不是一项需要面对的挑战？

如果上述问题的答案都答"是"的话，你便需要改变处理部属的技巧了。

许多管理人在处理部属的问题时，常害怕自己的行动会导致不良

的副作用，"如果……不知怎样"的担心常令自己更不安宁，担心对部属做出批评会令情况变得更差，或者对公司有不良影响，或遭人恶意的报复……

除此之外，一般管理人传统上处理挑战的方式与态度也是使问题变得更复杂的一个重要因素。例如面对某个下属迟到时，可能有以下反应：

1. 沉默不语——"如果我不说，他始终会觉察到我的不快，进而就会了解为什么。"

2. 道歉式的反应——"这实在不是什么大问题，而且我不希望让人以为我很挑剔，不过最近几个月来，你上班的确迟了很多。"

3. 借机讽刺——"也许你应该问圣诞老人要一个新闹钟当做圣诞礼物！"

4. 不近人情的要求——"你明天如果还迟到，就立即炒鱿鱼！"

上述的技巧的确可以产生某些效果，但通常并不是我们想要的结果。其实，主管对员工的错误做出处理应注意三个标准：

①部属行为的改变是朝着自己想要的方向进发。

②要能保持部属的自尊。

③与部属的关系仍完整无损。

如按此三项标准来看，则前述各种传统的处理员工错误的方式会得到何种效果呢？

沉默不语并不会增加员工改变行为的可能性，有时反而使问题更趋严重，因为员工的行为一日不改，管理者的不满便与日俱增，等到问题一旦爆发，常落得不可收拾的局面。

道歉式的反应常会使员工搞不清这个问题到底重不重要。这种方式虽比沉默不语较容易改正下属的错误，但仍不足够。

如果采用讽刺的方式，你必须先有心理准备，员工可能不了解在你的调侃背后，还有其他弦外之音，而可能当你在开玩笑而已。

讽刺很容易伤害别人，你是否能保持别人的自尊，维系彼此的关系，就看别人如何体会你的话中话了。因此，这种方式的结果是很难预测的。

不近人情的要求与人身攻击最不符合上述三项标准。在短期之内，员工的行为可能会有所改变，但员工的自尊与彼此之间的关系却早已破坏殆尽了。

1. 建设性的对话

你想改变员工的工作行为，最好采用对话的形式。坦诚沟通的目的是在改变别人的行为，而不在攻击他或破坏彼此之间的关系。

一个建设性的对话应包含下列要素：

①客观冷静地陈述不符合公司标准的行为；

②耐心倾听对方的解释；

③确认实际的效果；

④说出未来的期望；

⑤对方承诺或同意改变行为。

作为公司的管理人，你应该使对话只针对行为而不涉及态度。若不如此，事情反而对你不利。所谓行为，是指可以看得见、听得到、感觉得到的东西。人们通常对于改变行为比修正态度或价值有较少的排斥，而一旦你找出了希望员工改正的行为，就必须尽可能以客观、非攻击的态度传达这种信息。

所以，只要点出实际行为与期望行为之间的差距就足以鼓励下属改变行为了。通常第一次对话不宜用太激烈的语气，最重要是要让员工表达自己的心声。

为了使员工心甘情愿地去改变，管理人最好将对方的不当行为如何影响你的情况表达出来，例如向经常迟到的员工说："在你迟到的1

小时内，我的工作量加重了很多，因为我的许多时间都用来替你接电话了。"

将你的期望在问题未发生前就与部属解释好，可减少出现问题的情况。不过当你在陈述希望时，最重要是确定别人真正了解你想要的是什么。

2. 为对话做好准备

①做好心理准备，先控制自己的情绪——因为当你太冲动的时候，最容易说错话，所以你应该先让自己的情绪得到放松。

②预先想好自己准备要说的话——主管事先应决定这次对话要达成何种目标，然后决定要说什么，并须考虑你想说的话是否影响彼此的关系或能否保持对方的自尊。

③控制自己的声调、面部表情及身体语言——你的用语可能是中性的，但你的非语言信息可能是最大的致命伤，所以要特别注意。

④准备倾听——预期各种可能出现的情况，例如对方强烈的反应。你应尽量鼓励对方表达出所有的感受，因为这是为以后的协商铺路。

向对方表示同情并不意味着你要放弃自己的立场。你可以了解别人的困难处境，但仍坚持你的标准。一旦双方了解彼此的立场，讨论就可以集中在问题的重心。

此时，你可以改变你的期望，而对方也可能同意改变他的行为，或者双方都同意寻找一个大家都接受的方式。不管最后的结论是什么，双方对于下一步该如何做应该很清楚。因此，在结束对话前，你有责任清楚复述最后的决定是什么，同时得到对方的肯定。

# ↘ 掌握一点"责备"的学问

当你要责备下属时，有三种方法：

1. 用优点夹着缺点

当你不得不指出部属的错误时，最好的方式是什么呢？其实，这并不困难，只要在责备他错误的同时，说出他的优点。

美国著名的企业管理家玛丽·凯最懂得运用这一套。她要指责一个人的错误时，会先称赞他两件好处，指责前说一件，指责后再说一件，她自称这为"三明治技巧"。

这种技巧会产生什么效果呢？

举个例子，你必须责备一位部属，因为他每天上班都会迟到15分钟。首先你得找出两件他做得非常好的事，比如他写的报告非常好，而且都能按时提交。由于这次你找他来，主要目的是责备他经常上班迟到，你必须和他在私下谈。你开始称赞他做得很好的某件事。

"马克，你的报告写得真好，不仅结构严谨，而且一针见血，你的建议对我们促销活动大有帮助。"

现在该将肉放进三明治里去了——责备他的时候到了：

"马克，我们在早上也常想找你提供意见，可是你每天总是迟到15分钟到20分钟，这对我们是种损失。有时候有客户从外地打电话来，我们想找你就是找不到。我们发现，有时候没有你的建议，我们真的不知道怎样办才好。我们需要你每天早上准时到，我希望从现在就这样。"

最后你再加另一件马克自认为得意的工作，完成这块三明治："你知道的，由于你的研究报告都能准时提出，我对你的建议已养成了依赖性，我不能缺少你的建议，整个部门也是如此。"

注意例子中如何将责备夹在称赞当中，这样一来，马克虽然受到了责备，却依然维持了他的自尊。他明白他对你和部门的重要性，也明白你要他准时上班。

2. 给对方讲话的机会

任何一个人都会有情绪低潮、提不起劲、无法达成上司交代的任务的时候。而且，同样一件工作，有时候也会因时机、人的不同而砸锅。

某食品公司郊区分厂生产部的部长，他在激励部属时总是这么说："现在，正是我们公司面临生死存亡的关键时刻。各位能不能了解我们目前的困难？大家要加油啊！"

刚开始的时候，他这番话的确是造成了不小的作用，大家都非常努力，两年下来，就没有人再愿意拼命了。因为大家早就听腻了他那套老掉牙的说法了。其实从第二年开始生产部长就应该想些别的方法，而且是按每个人不同的个性加以个别辅导。

然而实际要做的时候就不那么简单了。就拿迟到这件事来说，你能随随便便责备一个一年迟到一两次的人吗？你能责备一个因为妻子突然病倒或是碰上交通堵塞而迟到的人吗？这么一想，到底什么时候可以责备，什么时候不能责备？光要判断这个就已经很难了。而且有时候还会产生相反的效果，带来不良的副作用。

那么，到底该怎么做才好？直接去问部属——这就是要诀。

"你怎么会做这种事？到底是怎么回事？"

很多时候你可以在部属的回答中找到问题的答案和解决之道。

"事实上是因为我忘了定闹钟，所以就睡过头了。……以后我会注意不再犯这种错误。"如果部属很诚恳地道歉，你就一笑置之，不需要再责备他了，因为他已经有心要注意不再犯同样的错误了，就表示这件事到此结束，他以后会准时上班。

"这阵子很容易疲倦，有时候会失眠，再加上胃的情形不是很好，所以我想请假休息一段时间，到医院去做个检查……"如果部属是因为这种原因迟到的话，就不单是就业规则的问题，而是牵扯到健康方面的问题了。而且有时考虑到的不单是生理方面的问题，精神方面的健康管理也应该列入考虑范围。有时候甚至可能是因为家庭失和、爱情失意或工作上的烦恼等原因造成的问题。如果不仔细找出真正的原因，是没有办法采取最有效的措施来解决部属的问题的。

然而部属不一定都会对你袒露实情，因此，也不能单听他一面之词就马上全面相信。将他说的话当做部分的参考，仔细观察他在回答时的所有反应，包括沉默、狼狈、叹息……任何神色，然后在你继续问他的时候，可以再加上一句"事情真的是你说的这样子吗？"如果能确实掌握住问题的重点，事情就会出乎意料地简单，他会把所有的事情都说出来："事实上是这样子的……"既然了解了问题出在哪里，就可以相互讨论解决的对策。如果能辅导他自主地去解决问题的话，问题自然会迎刃而解。如果你一味相信自己的权威及经验，擅自揣测对方的困扰的话，事情会演变成什么样？请好好深思一下这个问题吧！

3. 把意见摆到桌面上

部属里有些人会任意中伤他人，对自己讨厌的同事使出些小手段。这些人的确很难管理，但身为一个主管却不能因此就不闻不问。

这是发生在某公司的事情。某女职员向部长抱怨："科长不管我们端茶、送文件去，总是头抬也不抬，不说一句话，摆出一副道貌岸然的面孔。麻烦部长跟他说一说，请他对女职员亲切点好吗？"

另外某公司某位年轻的外勤职员向经理反映："我们每天风雨无

阻地在外奔波，回公司时，漫不经心在处理事务的部长和科长却装作没看到似的，连招呼也不打一声，真令人火大！"

如果单听这些片面之词，的确有些人会对公司里这些冷漠、不识大体、自我中心的人大表不满，可是，来说是非者，才是是非人，这些抱怨、不满才是真正的自我中心、单方面的不满。

以前面那位女性职员为例。科长的解释是"板着面孔'砰'地一声放下茶杯，茶溅出来也不擦一擦。文件弄湿了也装作没看到，还要上司对她亲切点，我真搞不懂?"

部长听了之后对科长说："我知道了。我会叫女职员们改善工作态度，可是你要先答应一件事。下次女职员们端茶来时要对人家说声'谢谢!'。"

而且他还告诉女职员"以后端茶进去时要说声'科长，茶泡好了'或是'科长，请用茶'。不然对方可能不会注意到"。

部长这么沟通之后的第二天起整个气氛就改变了。两方面都高兴地向他反映："谢谢你了，部长。对方的确反省改过了。"

他答道："其实我也没有说教什么的。只是告诉他要'打声招呼'而已。你希望别人怎么做之前，要自己先这么做。"

而另外那个外勤职员，经理对他说"要解决这问题没什么困难，你回公司时先到科长面前大声说句'报告，我回来了'，然后再到经理那儿大声说'报告，我回来了'，他们一定会对你说句'辛苦了'。"

年轻职员听了之后搔搔头就走了，此后他就不会再跑到经理面前发牢骚了。而据说他有意见时都会明明白白地在大家面前说出来。

# ↘ 指责时要注意8点事项

公司管理人由于指责员工方式不当而造成双方不愉快的情况是有的，但也有的使双方从此有个新开始，彼此去除心理障碍。在指责的场合中，千万不要使用令对方下不了台的话，更要注意下文所举的8点禁忌。

哪些是不可使用的话语呢？这根据部属的性格和环境而各有不同。至少身为公司管理人，须设身处地地将心比心，站在对方的立场上多想一下，谨慎地千万不要说出伤人话。指责可纠正部属并给予希望和勇气，也能削减当事人的锐气。以下列举一些禁忌。

1. 勿指摘人的弱点

人与人之间是有差别的。当别人指责其弱点时，犹如短刀插心般痛苦。例如，在个子矮的女性面前说"你是矮冬瓜"，她心中一定像沸水翻滚一般。对学历低的人说"学历太低的人没有用"，都是不适当的话，就算是事实，也该避免触及他人的短处。

2. 不要忽视人性

"你是骗子"、"你太没有信用"等话也会刺伤对方。只要评论事实即可，即使是对方没有信用，也不能如此当面斥责。

3. 不要否定部属的将来

"你这人以后不会有多大出息"，"你这样做没有人敢娶你"，"你实在不行"。管理人是不该说出这样的话的。须以事实为根据，就事说事，就部下目前情形而论，不要否定部属的将来。

### 4. 不要干涉私人事情

公司生活和个人生活有很大关联，但是个人私生活有不愿为人所知之事。"你只知打麻将，当然会发生那种错误！""晚上玩得太过分了吧！""你和那个女孩子做朋友不好吧？""你的家庭名声不佳，首先要从家庭整顿做起，怎么样？"等私人问题应该避免介入，因那只会引起"那是我家的事，和此事无关"的反感，公司并没有连家庭一起雇用。特别是年轻的成员，他们的私生活一旦被人干涉，大都会引起强烈的反感。

### 5. 不翻旧账

对于今天该指责的事项，引用过去的事例是不适当的。如果牵扯了人的问题，感情的问题，那么"都已经过去的事了现在追根究底真是过分"之类的心情就会产生。例如"你以前也犯过同样的错误，不是发誓不再犯了吗？"像这种话都是多余的。揭人疮疤只能让人勾起一段不愉快的回忆，于事无补。有些记忆力很好的管理人，连部属初入公司所发生的事都记得清清楚楚，甚至大家都已忘掉的事都牢记着，这实在没必要。

### 6. 不使用戏谑言语

对接受批评的员工来说，批评或多或少会引起自尊心受损伤。管理者以庄重严肃的态度所做的批评较容易为员工所接受，因为这种态度被员工视为对他尊重的表现。若管理者以戏谑的口吻进行批评，则不论其动机如何友善，终将引起员工的不满，因为戏谑口吻被员工视为对他讽刺的表现。世上真正具有幽默感的人并不多，因此在批评时切忌使用戏谑的言辞。

### 7. 不夸大其词

管理者在批评员工时应避免使用夸张之字眼。例如"您老是本末倒置"中的"老是"，"您从未站在公司的立场去看问题"中的"从未"等。含夸张字眼的批评通常都是过度严厉的批评，这对被批评者来说是不公平的。

8. 不吹毛求疵

不能以个人的好恶为标准，对不合自己心意的行为横加指责，对一些琐事喋喋不休，那样会使下级谨小慎微，只注意小事，忽视大目标，这对于完成总体任务是十分不利的。

# 赏罚并用，各适其所

对公司管理人而言，给予员工"威迫感"，常以责罚的方式进行。凡是公司都有员工守则，这里面一定会有奖惩各适其所的相关规定，一般来说，管理人只要依此实行即可。不过，对于心爱的部下，要加以责罚实在很麻烦，而且，责罚可以说是最糟的统御手段。

可是，部下都有妄求侥幸的本性，如果对错误不加责罚，则会对部下起到纵容作用。运用惩罚，则是在奖励做好事的人。

管理人行使责罚，必须遵循既定的规定，冷静行事：

1. 忙碌的时候、兴奋的时候、还残留发怒的情绪时，绝对不可断下罚状。

惩罚不可草率行之。古人有言："过一夜以后，再加以叱责！"其中的道理，颇值得玩味体会。

2. 行使惩罚权时，必须具有责任感所产生的勇气与对部下的关心。

3. 惩罚不可雷声大，雨点小，否则只会招致反感，全然没有一点效果。

惩罚原本不为人喜欢，所以要抓住时机，把该指责的事情，一次全部叱责完毕，之后就要保持缄默，静静地看结果会如何。

如果要斥责爱将，彼此心中都不舒服，而且谁都不愿这样做，所以即使知道部下所犯错误，也会因为想避免引来不必要的怨恨，而将之一笔带过，此乃人之常情。

因此，斥责时，想收到相当的效果，并非简单的事，至少必须具备以下条件，否则难以成功：

1. 强烈地觉察到身为管理人的责任心。

2. 对部下具有爱才之心。

3. 确定部下的过失是否是无可奈何的结果，还是其他原因。

4. 对自己的主张充满信心，并确信部下犯下过失的原因不在于自己的不当言行所致。

5. 具有使部下自觉到对其过失的说服力。

管理人切记，斥责是必要的，因为破产的公司中，共同的现象是很多员工都说："我从来没被骂过。"

## ↘ 注意提升下属的 5 项忌讳

下属总有能力强和能力弱的，表现出来的形式就是工作实绩有大有小。毫无疑问，公司管理者在提升下属时要排除那些弱者，要不然，提拔起来的下属仍然给自己带来一大堆麻烦，增加用人的难度。

提拔得当，可以产生积极的导向作用，培养向优秀员工看齐和积极向上的公司精神，激励全体员工的士气。因此，管理者在决定提拔员工时，要做最周详的考虑，以确保人选的合适。提升还应讲求原则，不能凭个人的喜好而滥用领导职权。

管理者不提拔下属是不对的，光提拔下属也是不对的。用将者必用其才，无才不能成将，公司管理者一定要牢记这一点。

论资排辈选拔干部，只能压制人才，鼓励"阿混"。然而，随便打破干部提升的常规，提拔的人太多，升迁速度太快，亦有弊端：

1. 无从考察业绩

张居正用"器必试而后知其利钝，马必驾而后知其驽良"来说明人应该"试之以事，任之以事，更考其成"。考察干部的德、能、勤、绩，以业绩为主。如果升迁太快，则无从考察。

2. 不利于人才的锻炼成长

有的人因升迁太快，没有足够的积累知识和经验的时间。

一般地讲，每个人的升迁都要有一个过程，不能不顾他的自身条件，太快太慢都是不对的，因此，适时而升是提拔一个人最佳的选择。因此，"欲擒故纵"是一种良策，可以锻炼被提拔者的能力和个性。

3. 刺激当官欲，助长职务上的攀比之风

有的人，有心当官，无心干事，这山望着那山高，在一个台阶上还没有站稳，就想"挪挪窝"，甚至厚着脸皮伸手要官。要避免这种状况，严格控制超前升迁。

4. 不利于踏踏实实做事

一些下属善于拉拢人心，待人接物可圈可点，工作上从没有违反过工作纪律，对同事、上司和其他人都满面春风、八面玲珑。但是，这类人在实际工作中却是水平低、能力差，工作任务勉勉强强能够完成，且质量极差。

这种无才之人，尽管其他下属都给予一些好评，但绝不能提升。

如果他真的被提升上来,新的、更重要的工作会使他招架不住而败下阵来,既影响了本部门、单位的工作,也会让你这位选拔者感到难堪。

美国某大集团公司下属一家宾馆,集团公司总经理聘请了一位24岁的大学刚毕业的女士担任宾馆总经理,原来的4位正副经理都做了副手。总经理的本意是破格提拔人才,这位女士也确有才华,有能力,有干劲,但4位副手并不买账,女士孤掌难鸣,工作打不开局面。总经理一怒之下将5位正副经理全部免职,女士自感待不下去了,自己联系调某宾馆任部门经理去了。这告诉我们一个简单的道理,升迁太快,对工作、对本人都没有好处。要有适当的过渡培养阶段,不要破坏管理的基本原则——逐级晋升的原则。

不论你个人多有才能,要成为一名高级管理人员,必须具有相当的时间和经验,有协调沟通各类人际关系的熟练技巧,有处理应付各种复杂问题的知识、能力,晋升太快肯定缺少这些技巧、能力,难免顾此失彼,并不利于本人成长。同时,一般来说,任何被大家视为上级特别厚爱的人,都容易招致大家的忌妒、不满,甚至心理失衡,这种风气甚至会蔓延到整个组织。不管这种心理失衡正常与否,毕竟会影响大家的士气,应当尽量避免。因此,晋升职务最好不要超过一个级层,尽量不越级提升。另一方面要采取一系列过渡措施,让人才有相当程度的曝光,提高人才的威信和知名度。比如指派他完成公司最为艰巨的任务,让其展示才能;在公司各种会议上扮演重要的角色等。

实际上,管理者也可以在不立即给予晋升的情况下重用人才。同时让人才明白,虽然他是很有才能的,然而在一个组织内,任何晋升都必须等待适当的时机。为了不叫人才感到失望,双方可以达成默契,晋升不过是时间早晚的问题,太快了于事无补。

最后的忠告是:太快了固然会产生不良的影响,太慢了也可能导致失望、人才流失而造成损失。所以提醒你:悠着点,有个过渡阶段更好！要把握住破格提拔的"度"，不可由一个极端走向另一个极端。

升迁之道，乃办公室秘法，需要公司管理者耐心琢磨。事实上，有许多下属比你还要琢磨得清楚透彻呢！

# ↘ 千金易得，一将难求

"千金易得，一将难求"，优秀员工的跳槽时常困扰着企业主管。任何公司都避免不了竞争者的袭击，高素质的员工总是会有工作机会找上门来。即使竞争对手或猎头公司还没打算挖你的墙脚，公司想凭借公平对待员工、奖励出色表现、提供良好环境、创造升职机会等措施留住最有价值的员工，也始终是件艰苦的工作。

但是，当优秀员工递上他的辞呈时，主管们不见得束手无策，但能把多少人留下来，决定于你对他们得到的工作机会做何反应，即你的反应速度有多快、劝人留下来是否有效。下面的一组举措也许可以帮助管理者们修补残局。

1. 即刻做出反应

如果企业十分想留住这位员工，那就没有什么事比立即对离职做出反应更重要了。主管应该中止预订的活动，任何延误，例如"开完会我再和你谈"之类的话，都会使辞职不可挽回。带着紧迫感处理问题有两个目的，首先，向员工表明他确实比日常工作更重要；其次，在员工下决心以前，给主管最大的尝试机会去改变他的想法。

2. 保密消息

绝对封锁辞职的消息对双方都很重要。对员工来说，这为他改变主意继续留在公司清除了一个主要障碍，这个障碍有可能使他在重新决定时犹豫不决。如果其他人毫不知情，他就不必面对公开反悔的尴尬处境。而企业在消息公布以前，能有更大的回旋余地。

3. 倾听员工心声

主管要坐下来和该员工交谈，仔细聆听，找出辞职的确切原因。从员工身上了解到的情况要原封不动地向上级汇报，即使其中有对主管的微词。还要了解员工看中了另一家公司的哪些方面，是环境更好，待遇更优厚，工作节奏有快慢异同，还是对事业看法发生了根本转变。这些显然是说服员工改变主意的关键。

4. 组织方案

一旦收集到准确材料，主管们应该形成一个说服员工留下来的方案。一般而言，员工因为两个并存的原因而辞职：一个是"推力"，即在本企业长期不顺心；另一个是来自另一家公司的"拉力"，即站在这山望着那山高。一个成功的挽留方案，应该针对员工产生离职想法的问题，提出切实的解决意见，还要使员工认识到，他对别家公司的种种好处看法不切实际。

5. 全力求胜

有了仔细规划的策略，就该着手赢回员工了。主管对辞职快速做出反应，就是要让员工从一开始就感到，他的辞职有误会，公司也知道这是个误会，并将全心全意纠正失误。要是合适，公司领导可以在工作时间之外和他一起用餐，工作所需的各级领导都应参加。如果员工的配偶是其辞职的重要因素，那就请她（或他）也一起参加。

6. 为员工解决困难，把他争取回来

如果方案组织及时，又确实能纠正造成员工心猿意马的那些问题，员工可能会改变想法，除非辞职员工确实已对企业深恶痛绝。多数情况下，他们只是不满工作中的某些方面，或不喜欢直接上司。当他们能在别的公司找到工作时，这些问题就被放大了，因为打眼一看，那家公司好像挺能满足相应的要求。通过缓和在本企业的矛盾，突出与那家公司的不同之处，员工往往同意留下来是最佳选择。

**7. 赶走竞争对手**

要让员工同意，给竞争对手打电话，回绝对方提供的工作，他应该坚定不移地表明，不希望再讨价还价或继续商量，他将留在本企业，他的决定是最终决定。让员工用这种方式向竞争对手表明事实，阻止那家公司企图再挖走其他员工。

**8. 防患未然**

整个过程剩下最后一步也是最重要的一步，主管要坐下来，琢磨你的员工，想一想以后可能会在哪儿出问题。

对于一个精明、有远见的主管来说，掌握了上述有效的留人手段，良将为你莫有。

作为主管当然不喜欢自己的下属跳槽。但要留住人才，必须想一些办法。这些办法包括委以重任、付给高薪和嘉奖业绩。这些方法好像每个公司的人大体都知道，但是仍不能杜绝人才外流、"跳槽"的现象发生。这似乎已成为各个公司普遍面临的难题。认真分析优秀人才"跳槽"原因，以及采取妥善的应急措施或许能收到一定效果，但是"天要下雨，娘要嫁人"，实在要走，你采取什么办法也是无济于事的。人才"跳槽"主要有以下几种情况：

**1. 不辞而别**

如果优秀人才不辞而别另择高就，公司上下事先却无人觉察或知道但没有人报告，则实际上是公司经营管理不善的反映。对此，老板应早有发现，并尽量做他回心转意的工作。

对下属的工作情况、思想状况、是非观念、人生大事等方面应及时掌握，经常鼓励他们战胜困难，对他们的成绩应充分肯定。员工们的工作、家庭遇到难题，情绪总会波动并有所表现，这时候或许你的帮助并不能完全解决问题，但只要你想到了，员工也会心满意足。

2. 怀才不遇

一个员工的工作量的多少并不能说明他对公司的满意程度如何。经常有的人仅靠自己的能力和遵守公司的管理制度就能圆满地超额完成自己的工作定额，但内心里他并不真正喜爱这份工作。

如有位负责销售工作的部门主管，其工作成绩在公司连年都超定额，收汇、利润都很可观，是公司的骨干。但他却对制作电视广告情有独钟，希望有朝一日成为电视制作部门的主管。从公司角度出发，他留在销售部门是最理想不过的，但他却一心想到电视部门。此时如果有合适的广播电视公司，他一定义无反顾地离开销售工作去接电视制作。

最好的能挽留他的办法是，让他同时兼做这两项工作，如果他确实才华横溢，兼做两份工作都很出色，不仅能满足他对兴趣的追求，又为公司留住了人才，不会引起人才流走而担心销售额下降。

3. 与主管不合

与主管不合的原因是多方面的，但是人们常常认为，责任在主管，如果他能在发生冲突时，显出自己的宽容大度，不去斤斤计较部属，那么许多问题是可以解决的。

作为一名主管对其部属应敏感体谅，而员工则应随时把自己情绪上的波动、工作中的合理要求及时向他反映，这是双方呼应的事。当主管者不可能真正了解员工的内心世界，但是经常相互进行思想交流，不失为保证上传下达、减少隔阂的有效办法。

4. 破格任用

当你的公司招聘到一位能力强、有开拓创新精神的年轻人，并且舆论公认此人日后必然会成为某主管的接班人时，你必须认真思考：

给他什么样的职位，如何提拔他更好？如果在他的任用问题上稍有疏忽，处置不当，将会给公司带来不必要的麻烦。要么这位能人会因位置不好而另谋高就；或者会使那些资历比他高、工作时间比他长、职位较低甚至较高的人为此而抱怨公司一碗水未端平，厚此薄彼，甚至拂袖而去。所以用人之事，不是小事，不可轻率。

某大公司曾经聘用过一位这样的年轻员工，不到半年时间，他的能力已从其工作业绩中表现出来，并远远地超过他的主管。如果让他上，主管下或者在一个部门平起平坐，各管一摊，必然使公司的组织机构、人事制度、业务工作秩序都被打乱。为此，主管将他调往国外，负责组建分公司，以发挥他的才能。虽然这一任命使年轻人连升三级，但在公司里并没有引起什么不良的反应。主管的高招使"鱼"和"熊掌"兼而得之。

**5. 注重年轻员工的培养**

对于刚刚离开学校到公司工作的大学生、研究生，若不加强管理，注重早期培养，压担子的话，在两三年内他们最容易跳槽。由于他们年轻有为，前程远大，正是公司的希望所在，并且已熟悉了公司业务，如果让他们流失，公司将再花代价去培养新手，造成损失。

假如一位胸怀抱负的能人在公司里仍做着低级职员的工作，其才干并没有得到充分肯定，此时他要求离职另求发展是很平常的。要避免这类不愉快事情发生的办法有：一要把新来的员工看做是公司的一笔长期投资，精心地培养督促他们。安排公司有能力的主管或员工指导他们，让他们承担一些力所能及或者是超过其能力的工作。这一切就如一个长期项目，并不期待马上得到回报或收回投资。只要他们在公司工作的时间愈长，公司得到的回报愈大。

**6. 高工资的诱惑**

更高的薪水，当然是一般人跳槽的最大原因。对此并没有什么最好的解决办法。尤其是如果你觉得他们的薪水已经足够的话。即使你为增加工资而与员工谈判，无论你采取哪种处理办法，对公司和员工都无好处可言。著名的美国波音公司的专家们曾对 450 多名跳槽者进行的调查表明，其中有 40 名为增加工资与老板进行了谈判，27 名因被加薪而留下来继续为公司效力，但在不到一年多时间里，有 25 名因各种原因又离开了公司。实际上，工资的多少并不是真正让他们继续留下来的关键。关键是老板和公司为人才成长发展所提供的环境和空间。

# 第三章 强化管理才能：
## 高效管理者带出高素质员工

　　作为一名管理人，必须具备较高的管理素质，把公司管理得井井有条、人人都按照你的意志办事。有些管理人，不懂得适用归零管理，不注意自我素质的培养和提高，而一味地要求员工这么做、那么做，甚至采用高压手段，强人所难。要当好管理人，一定要有好的素质，才能带出一批素质更高的人。

NiDe GuanLi GuiLingLeMa

# ↘ 管理人必须具备的基本素质

素质是公司管理人所需的最基本的不可再分的原始的品质或基础，公司管理人从事管理活动所需要的全部心理结构与功能。许多卓有成就的管理人都是具有十分鲜明个性的人物。公司管理人的人格力量和自身魅力在事业成功中是不可忽视的因素。

在这里我们把素质引申到更为社会化的层次，指从事管理活动所需要的全部心理结构与功能。

提高素质的自我设计内容具体包括以下几点：

1. 穿着、仪表

作为管理人，必须注意衣着打扮。在西方国家的公司里，管理人大多穿着深灰色、深蓝色或黑色的西装。因为西装和这些颜色的特殊搭配，已经成为公司管理人的特殊标志和规定。

当然，在从事经营管理，有它的特殊性，也许并不一定要戴名牌手表，穿名牌皮鞋，提名牌皮包。但注重外表，特别是在代表公司从事高层次外交活动，尤其是和外商接触时，仪表是十分重要的。这时的仪表已不仅是个人的"装饰"问题，而是公司的"窗口"，体现了公司的形象和基本素养，在有些情况下，它可能决定了对方的判断，以致影响交易的成败。

从另一层次意义上说，穿着、仪表也反映了人的文化价值和追求。有些公司把衣着视为公司精神的表征，它们要求员工有统一的衣着，甚至有的在隆冬季节也要求女性着制服裙。因为仪表治理不仅可增加公司一线形象，而且可获一分胜机。

**2. 言谈、沟通**

言语、谈吐是反映管理人内涵的一个重要方面。字正腔圆，抑扬顿挫，铿锵婉转，起伏有致，反映了一个人的语言魅力；而措辞得当，应对机敏自如，既善于表达意愿，又善于诱导对方，劝服对方，则体现了高超的沟通技巧。

语言是极富感染力的。在语言技巧上下工夫，会给管理人赢得一种重要的经营武器。良好的语言功底，既能得到上级欣赏，又能赢得属下，起到鼓动的作用，也能赢得对手，有助于推动交易的进程。

**3. 举止、修养**

举止、修养是管理人自我塑造的必修课，但这一方面却为传统的管理人及有关培训课程所忽视。我们经常可以看到，一些人无论是接触上下级还是接触客户，无论是在谈判桌上还是在餐桌上，都缺乏得体的举止，缺乏基本修养，这和长期的经营环境有关。但在现代公司管理中，特别是在激烈的市场竞争和国际化经营中，这方面的修养就显得极其重要。

要提高修养，读书、看报也是重要的方式。在美国，商人们读日报是每天的"必修"课。而一手拿日报、一手拿公文包，已经成了美国管理者们的典型形象。读书看报不仅可保证及时获取商业信息，而且能保持对市场的敏感性。

**4. 能力、素质**

能力是一种重要的心理属性，它是人们在活动中所表现出的决定活动效果的因素。以管理人的活动来说，有的管理人能迅速掌握新的市场经验、知识，获得新的管理技能，能创造性地解决问题，解决问题的效果优于他人。这样的管理人，就是能力强的管理者。

能力和知识、技能不同。知识、技能是指人们学习的内容或对象，能力则是指人本身学习的潜力。能力的重要衡量标志，就是智商。一个管理人应该具有较高的智力水平，这是他成功地、创造性地管理公司的素质保证。智慧是公司经营谋略的源，谋略则是果。智慧者，善谋略，当可运筹帷幄，决胜千里。

5. 知识、技能

要胜任公司管理人的角色，必须具备管理者应有的知识、技能。这不外乎公司运作各方面的基本知识，涉及物资、人力、资金、信息及有关过程的管理和运作，以及对这些过程的计划、组织、指挥、协调、控制等技术。这些内容是管理实务培训的主干，也是 MBA 的经典学习课程。传统意义上所说的一个人是否能胜任某种管理工作，大多是从知识、技能这一方面来衡量的。知识、技能是管理人自我设计、塑造的重要方面。

6. 情绪、情感

情绪、情感是管理人所要修行难度较大的一课。概括地说，情绪是人们对把事物评价为好坏而可接近或应回避的态度的体验，既伴随有原始的生理变化如心率、血压、呼吸、汗腺分泌等变化和躯体反应如面部肌肉活动、身体僵直、攥拳等，也和高级的认识活动如判断、推理等思维过程交织在一起。

情绪具有沟通、组织、动机、适应等功能，是人们适应生存的重要心理过程，同时也作为一种个人的特质，反映到人格中去，成为一个人的行为特色。

实际上，一个人的情绪功能是否健全，是否控制、运用得当，就体现为"情绪智力"，并直接关系到其管理活动的效率和成功与否。

7. 兴趣、动机

兴趣和动机反映了一个人活动的方向性和动力性的特征。兴趣是指其活动的具体指向，动机是指活动的能量投放，或者渴望达到目的的程度。当一个人对某种活动非常感兴趣时，他的全部心理能量都会投放到这一活动中去，而对其他活动则退为零关照的程度。一个方向性，一个动力性，合而观之，两者的意义不言而喻。

一般情况，管理人的兴趣、动机的模式和组织有一定的特点。管理人对什么活动感兴趣，把个人精力投入于何种事物，如何组织自己的心理能量，以及对待成就与失败、权力、人际关系的方式等，都投射了他的人格特点，并和管理绩效有一定的关系。因此，如何调控兴趣模式、动机模式，使其和高效率的管理活动相匹配，也成了管理人素质培养的重要内容，成了自我设计的一个环节。

8. 个性、人格

个性和人格是指人独特的行为风格、思维方式、处世习惯，它们使人区别与他人而具有自身特异性。人们通常说的内向或外向，果断或寡断，刚愎或随和，胆怯或妄为，孤独或合群，等等，都属于这一范畴。

每个人都有若干种个性特征，并不是每一特征都单一地决定了管理的成功。但有一些研究和经验表明，某些特征的组合、配合以及其他方面的自我设计，和管理活动的成功关系密切。许多卓有成就的管理人都是具有十分鲜明个性的人物，他们的人格力量在他们的成功中是不可忽视的因素。

## 管理人自我包装的要素

公司管理人要想具有超人的魅力，必须懂得自我设计。如果管理人不自我"包装"，又怎么能赶上管理时代的潮流呢？

说到自我设计，或许引入戏剧中的"角色"这一概念，能令人更容易理解。而角色的全部规定，就是一个人自我的具体内容。

就公司管理人而言，角色的规定是很丰富的。在工商管理学院学习 MBA 和 MPA 课程的人，要从多方面接受系统的全方位的培训，其核心目的之一，是塑造一套适合于从事公司管理的自我概念。这一套自我概念，涉及这一特定角色的可视行为，包括穿着打扮，仪表礼仪，行动坐卧；包括认知风格，思维方式，观念意识；包括处世风格，个性习惯；包括情绪、情感，动机模式；包括从事管理运作的技能、技巧，更具体地说，这些自我设计内容概括为：外表因素；沟通技巧；自我涵养；能力构成；技术成分；情感结构；目标追求；人格定位。

以上对管理人自我设计内容的简要介绍，旨在勾画一个轮廓，使人们对管理人应塑造什么样的自我有一个简明的了解。这些内容也就是对公司管理人这一角色的组合定义，就是对管理人在公司管理这一舞台上活动的综合性规定。

在公司管理舞台上又有上下级之分，因此公司管理人也就具有多重角色，也就需要进行角色转换。因为一个好的管理人还必须学会根据环境和舞台需要，在不同角色之间进行恰如其分的、适宜的转换。这样的管理人，才能成为工作和生活中的成功者。

管理人的自我重塑对自己所在公司的管理意义重大。公司管理人应当进行全面的自我设计，包括穿着仪表，言谈沟通，举止修养，能力素质，知识技能，情绪情感，兴趣动机，个性等方面。管理人必须确实明了哪些素质和观念是管理人所必需的，只有这样，公司管理人才能在经营管理中，不断完善自我设计，直到成功。

另外，管理人的心理习惯魅力往往会体现在管理能力上，良好的心理习惯会促使公司管理人发挥自己的能力，进一步和员工感情融洽，反之，公司管理人如何面对自己的工作和下属将是一大难题。

以下列出5项基本的实践，即要想成为一个有效的管理者所必须获得的5项心理上的习惯：

1. 有效的管理者知道他们的时间用在什么地方。他们可控制的时间很有限，所以他们会有系统地工作来用好这些时间。

2. 有效的管理者致力于对外界的贡献。他们不是为工作而努力，而是为成果而努力。他们从"期望我的成果是什么"这一问题出发，而不是从要做的工作出发，更不是从干这项工作的技术和工具出发。

3. 有效的管理者重视发挥长处，包括他们自己的长处，上级的长处，同事的长处和下级的长处；还要发挥周围环境的长处，即他们能干什么。有效的管理者能避开短处，他们决不着手干他们不能干的事。

4. 有效的管理者集中精力于少数主要领域，以便以优秀的管理产生卓越的成果。他们强迫自己设立优先秩序，而且坚定地按优先秩序做出决定，他们知道只有做好最重要的最基础的事，而没有其他选择，摇摆不定将会一事无成。

5. 最后，有效的管理者能做出有效的决策。他们知道有效的决策是干事的系统问题，是适当步骤。他们知道一项有效的政策总是在"分歧意见"的基础上的一个判断，而不是在"一致意见"的基础上的一个判断。他们还知道快速做出许多决策意味着做出错误决策。有效性需要的决策很少，但至关重要。有效性需要的是正确的战略而不是令人眼花缭乱的战术。

## ↘ 当好管理人应当具备的力量

管理归零，那么管理人的素质就应该全面提升。有下列能力和魅力供管理者学习和参考。

1. 决策能力

有效的主管，最重要的是要有决断力。虽然有些事情适合团体决定，但是主管往往必须单独做许多决定，包括分派工作、人力，协调员工纷争等。主管最重要的责任有二——做出正确的决策，同时又能鼓励部属参与。

2. 倾听和沟通能力

主管只有张开耳朵和眼睛，努力去听、去看，才能了解组织内部员工的互动，敏锐地了解部属的心情与态度，以便满足员工最基本的需求。

3. 教育能力

好主管的另一项责任是，训练有潜力的部属成为主管。尽量往下授权、让员工参与可行的计划，定期召开研讨会，让员工代表公司对外接触等，都是培养员工决策能力与自信心的好方法。

4. 协调能力

高明的主管知道如何降低部属冲突事件的不利影响，既不会视而不见，更不会反应过度，对不相干的部属发脾气。他会直接将部属找来，找出冲突的原因，或者轮流做工作，降低冲突的概率。

5. 有远见力

有效的主管能够为组织、员工订出有意义、清楚的目标，也能带领部属达到这些目标，不会让部属迷失方向。

6. 自省能力

许多人常说"老板永远是对的"，但是老板也有犯错的时候。问题是，许多主管欠缺自信，以致犯错也不肯承认；有的则是明知自己错了，依然我行我素。最糟的是，有的部属因为害怕被处罚，不肯指正主管的错误，同时又丧失对主管的敬意。有效的主管，能够迅速认错，并且从错误中学习，不会只看到别人的错误，他们知道反省错误发生的原因与效果，比一味责怪他人重要多了。

7. 集思广益的能力

妥善利用部属的智慧，集思广益达成决定，是主管最有利的武器。尤其是影响整个公司的决定，常常需要顾及各部门的需求。有效的主管会先征求相关部门的意见，再做决定，以免独断独行地决策，让员工产生抗拒心理，阳奉阴违。

8. 领袖气质力

主管如何看待部属，是管理工作成效的重要关键。优秀的主管信任部属、虚心学习、有耐心，同时又有敏锐的观察力。他是真正关心部属，知道感恩；他不会一心只想控制、支配员工，而是让员工工作情绪高昂，顺利完成工作目标。

如果你具有上述的风格，那么你绝对是个非常非常棒的管理人，并且一定能率领你的团队在市场竞争中，克服各种各样的艰难险阻，给公司创造效益。

9. 外貌魅力

"诚心欣赏"与"自然互动"是外貌魅力的基本内涵。

常听人说："只要看到那张脸，就讨厌！""看到他，我就烦！"然而，说这些话的人，却常是咬牙切齿的，自己已先丧失了外貌魅力！

"看了不讨厌"，这是人际吸引的基本原则。事实上，每一个人在外貌上都具有其特殊的魅力。

你必须走出心理上"直觉式"的模式。这种夹杂个人的经验、感受、思考等复杂交织所衍生出的人际直觉，常缺乏客观性及接纳性。

从外貌来评定与员工之间的关系、距离、好恶，甚至以此断定其能力之强弱，是人性化管理所应避免的"框架"。尤其是东方人喜爱以面相、痣、指纹等来论断人，难免落入宿命论的主观陷阱，无形中设定人际界限，加大隔阂。

其实，每一个人在外貌上，均有其独特之处。

例如戈尔巴乔夫的胎记、林肯的胡须、爱因斯坦的沉思，甚至海伦·凯勒的微笑，都不知不觉地吸引着人们。

然而，我们常常只注意那些外貌"可爱"、"讨人喜欢"的人，却忽略那些"不可爱"、"不讨人喜欢"的人，其实，他们更需要为人所肯定、重视与确认。

一位哲人说："能欣赏卑微的人，不只使对方重获可爱的外貌，更使自己的头上散发出天使的光芒。"

当你如果能学习"欣赏"每个员工时，无形中，就会使员工产生内在的自信，进而显出愉悦的脸孔，而你也在洋溢自然的气氛中，同时展现出个人特殊的外貌魅力。

因为，能"诚心"欣赏别人，其本身的外貌，必然带有活泼、焕发的活力；正如见到自己心爱的人时，脸部表情和肢体语言必然不一样！

## 10. 性格魅力

能"包容"并"激发"不同性格的人，就能散发感人的性格魅力！

许多管理人花费太多时间在处理员工性格所引发的问题，而不是导引员工发挥其性格魅力，结果在迥异的性格中不断冲突，正应验一句俗话："性格相冲！"

你必须明白，管理的目标是为了达到圆满、均衡、统一与和谐，而不是人格的冲突，其中的秘诀即在于包容与激发。

每一个员工在性格上，都有其不同之处。

所有的性格，都有其优点，也有其缺点。但是，我们通常都把焦点放在其缺点之处，而不是强调其性格上的优点和特殊性。根据研究，人们有以下8种性格类型：

①社交型：因善于表达而创造互助。

②直觉型：因感情丰富而带动气氛。

③控制型：因拼劲十足而能达成目标。

④理智型：因思考条理而精于分析。

⑤关爱型：因充满慈爱而可靠体贴。

⑥实际型：因小心谨慎而做事稳重。

⑦舒适型：因轻松自在而处变不惊。

⑧含蓄型：因不善言辞而默默耕耘。

你必须懂得如何运用不同性格的人，来完成特定的工作，当然，也要能接纳不同性格的人所有的不足。

如此，让不同性格的员工发挥其特长，又能满足其内在需求，便能使员工充分展现其性格魅力。

当然，知道运用不同性格的员工，来达到团队管理的目的，不正显示出你特有的性格魅力吗？

11. 能力魅力

让别人发挥能力，便是展现个人"领导能力"的魅力。

许多主管常说："请这些人真笨！真没有用！"管理专家却常提醒主管：幸亏他们"笨"，否则你哪有机会当主管。但是，新管理学更直接指出："没有不好的员工，只有不好的主管。"

21世纪的企业发展，强调人才搭配、互补的应用原则，以及个人成就需求的满足。

我们必须承认：每一个人在能力上，都有不同的地方。正如俗话所说的："瘸腿马，也有一步踢！"

身为主管须注意到每个员工的个别差异，让员工的"特殊能力"能够得到充分发挥；这个能力，可能是组织能力、策划能力、表达能力、协调能力或执行能力等。

要是详加观察，你将会了解一般人除了"专业能力"外，仍有各种才艺、技能等，在整个组织运作中，你要知道如何激发他们朝向"正面导向"的发挥与成长。确实让每个员工的各种特殊能力、才华能实际展现在生产效益及组织运作中，进而带动整个团队的士气。

20世纪末，演员里根证明了一项事实：一个懂得运用别人能力的人，不论他是谁都可以当领导者，甚至总统。

而所谓主管，就是要懂得让别人发挥其特殊能力。因为，懂得让别人发挥能力时，便是自己"领导能力"的显示。

## ↘ 成功管理 = 影响力 + 领导力

管理人的影响力与领导力对企业也是很重要的，你必须随时为提高自己对生活的体验多一点、深一点，这对增进信心也是很有帮助的。

1. 自我积极修炼

当你要培养影响力与领导力时，必须先进行自我锻炼，让自己努力地去做每件事，在生活中不断提高自己的能力。做一些你过去做不到的事、有困难的事，要不断时时要求自己、精进自己，让自己对生活的体验多一点、深一点，这对增进信心也是很有帮助的。

2. 学会自我成就

对生活中任何一件事都必须有一个信念，那就是：去完成它！通过这个信念的达成，你就会产生影响力，让别人觉得你就是那种可以完成生命中任何事的人。

在工作中更需要具备这种信念，时时努力去完成挑战。而在成就的过程中，你自然就会具备那样的智慧与能力了。

3. 让自己成为言行合一的人

为什么有的人一开口就具有无比的穿透力与影响力？其实当你检视这些人时，会发现他们都有一个共同的特质，那就是他们的话里带有一股力量。这种力量称之为心量，也就是说，凡是他说出的话自己都可以做到，决不是空口说白话或随便乱说。

4. 懂得舍己布施的人

牺牲享受，享受牺牲。其实这是不同的境界。一个愿意牺牲自己的人，当懂得牺牲享受时，也就是逐渐踏上享受牺牲的时候了。

同样地，一个有领导力的人，他一定是懂得舍己布施的人，布施他的能力智慧，让人对他所做的每件事都十二万分地支持，其中，最重要的是他愿意"给"。一个具有影响力与领导力的人，他的威望都是建立在愿意给予上！

5. 不断地付出

这个付出可能是你的能力，也可能是你的智慧。有影响力与领导力的人一定愿意永远在人生中不断付出自己所拥有的东西，这种付出会让人感受到一股力量，让人无形中觉得你有影响力。

在中外历史中，许多杰出的政治人物都具有无比的吸引力，我认为那就是牺牲奉献所凝聚成的一股力量，而不断牺牲奉献的精神，即塑造一个人领导力最好的开始。

在工作中学会去付出是相当重要的。你在晋升为管理人时就立下了一个目标，要将你管理下的团队变得最出色、最具战斗力。经过数年的奋斗，你开创了良好的局面，拥有这么多的员工愿意跟随你的理念走，回过头来看，你认为他们是被你言行合一的举止给感动了，而身上显示出的领导力也是因为你对每一个员工无比的鼓励、付出与投入所造成的啊！正因为这样的影响力与领导力，使你的企业在很短的时间内就有极大的成长空间，让你朝向目标的距离又跨前了一大步。

可见管理人想要拥有影响力与领导力这两项优势特质，必须从自我修炼开始！

## ↘ 做一个合格的管理大师

部队作战需要一名好的指挥官，作为一个工作部门同时也需要一名合格的管理大师。合理地管理每个工人或工作小组，使每个人职责明确，相互配合，岗位整体化，从而有利于整个任务的完成，使上级肯定你的管理能力，下属看到你的魅力。

曾任纽约陆军国民警卫队副官长的哈兰德少将，在西点军校一次毕业典礼上对军队领导者必须具备的条件阐述了自己的看法：

"懒惰"——放手让其他人（部下）工作。

"异想天开"——相信别人都会恪尽职守。

"头脑简单"——相信其他人会把工作做好。

"硬干"——要求去干所谓"办不到"的事情，甚至最终看来仍然是"办不到"的事情。

"无知"——求知心切，永远把自己当做学生，问一些"傻"问题。

"愚蠢"——工作刻苦，有献身精神，却几乎不要物质奖励。

"厚脸皮"——当别人都畏缩不前时能挺身而出，把尽职看得比"乌纱帽"更重要。

"狂妄"——敢于怀疑"大人物"提出的某些设想的合理性。

"轻视权力"——只要对其他人（同级、下级和上级）有用，就把自己掌握的情况毫无保留地公开告诉他们。

"无纪律"——没有上级的命令就按正确的行动步骤自作主张去处理。

"自认无能"——为了把任务完成好，尽管有损于自己的声誉，也能勇于请求他人援助。

"懦弱"——有意使自己周围的人都具备优秀管理人的条件。

"商场如战场。"一个公司的管理人，如同部队里的军官，一个优秀的企业家，也应该是一个合格的"军官"。

公司管理人能否把工作当成生命是衡量管理人魅力的一种主要标准。管理人对工作没有热情，过一天算一天，公司又怎么会有发展呢？因此，管理人只有全身心地投入到工作中，把工作视为己命，进而才有强烈的责任感，公司也会一天比一天更红火。

管理人当中可分为好几个类型：大者——经营国家大型公司；小者——经营面摊等。经营国家大型公司者，就要日夜考虑：如何能使员工幸福、国企繁荣。而经营面摊者，则要考虑如何提供顾客美味可口的汤面，使顾客吃了称心满意。同样是经营者，虽然立场各异，可是两者之间却存在着经营者的共同目标，那就是：怎样做才能发展事业，促进人们的幸福？关于这一点，其实只要对他们的工作倾注热诚，答案必然自动显现，可以发现其经营上的具体策略。所以对经营者的工作条件，首先应要求其有热诚。

虽是小小一个面摊，如果有经营的热诚，仅为面汤味道好坏就需要询问顾客食后的感觉如何，假如十人中有几人称赞美味可口，或者有几人指称盐、辣味太重，也可能有顾客觉得甜味太浓；而说甜味浓的顾客可能是位工人，而说盐辣味太重的多半是知识阶层的顾客。综合这种情形，你会觉得自己面摊的顾客，是哪样阶层的人士比较多，那么汤里的味道，便可调成这种味道。如此一来，便可以得到顾客中50%的满意了；然后在成本计算能平衡之范围内，再增加一点可口性的味道，这样顾客就会集中，面店生意也就兴隆了。

相反地，如果你没有工作热诚，专为自己的利益着想，抱着少一事减一份责任的无所谓态度，固守老套，毫无积极与进取精神，便无发展可言。这种情形也是缺乏经营热诚。

因此，不论经营任何事业，不仅仅是一味追求自己的利益。在今天这个时代，经营者必须站在社会、国家甚至国际的立场来考虑各种因素。至于考虑内容，在经营者的立场而言是共同一致的，即通过自己的业务，使顾客满意等，换言之，也就是要为公司的繁荣、幸福而经营。

管理人自身有了这种使命感的自觉后，对其工作便会产生热诚，进而有强烈的责任感。

坐在桌前乱盖印章，这种工作态度，是不会对工作产生责任感的，只有更进一步、欣然地感觉到工作意义，自动自发地对其言行或工作态度表现出热诚，那么就可得到他人的信赖和信赖他人的境界。所以，公司管理人有没有工作的责任感与工作的热诚，就是决定经营事业成败的关键。

# ↘ 纠正 "我总是正确" 的态度

身为主管就必须虚怀若谷，有诚意去驱除自己的各种不良习性。想要提升自己的形象，就必须先做一点心理建设，承认自己所知有限，缺点也是一箩筐，有许多改善的空间。

大体说来，在学习的过程中将会经历4个阶段：

不知不觉：不晓得自己有什么缺点。

后知后觉：已经晓得自己有什么缺点。

重出江湖：知道自己已经今非昔比。

登峰造极：不知道自己已经今非昔比。

觉得很玄吗？如果以学开车作为例子，那相对于上述的4个阶段就是：

1. 在正式学习之前，你认为这不过是雕虫小技，大概几个小时就可以大功告成了。

2. 等进了驾驶座之后，你很快就发现这没有你想象中那么简单；想要上路就得同时脚踩离合器，手握排挡，另外，一双手得抓方向盘，眼睛还得盯着左右侧视镜和后视镜……太复杂了！

3. 考上驾照之后，你在上路时脑海里都还会盘旋着教练的一句句叮咛：踩离合器时要先松油门，刹车时不可猛踩到底……一连好几个月，你都是个模范驾驶员。

4. 不知不觉中，你已经变成了千锤百炼的"老鸟"，只要上了车之后就是一连串的反射动作，然后就把你送到了目的地。你已经忘了自己是怎么开来的。

如果你是"管理训练班"的学员，那你自认目前是站在哪一级上？一般人可能是第二级。等你熟读本书中的那些诀窍并身体力行之后，很快就有资格晋升到第三级。当你累积了可观的经历之后，就可更上一层楼，把诸多的管理秘诀发挥到炉火纯青的地步，就像吃饭般那么容易。

想要改善自我，第一道工作就是先认清自己的优缺点。请拿出一张纸来，老老实实地写下你自认在哪方面高人一等，哪些领域则是有待改进。别开玩笑，这可是攸关你自己的前途，切莫视同儿戏。

对于所有的缺点都必须痛下针砭，而最好的方法就是放下架子，很诚恳地去请教一些你眼中的高手。当然，书市中五花八门的管理丛书也都将是你的良师益友。

在工作中难免会遇到一些问题，如何去建立正确面对问题的态度就显得相当重要。

你也许听过这个故事，一家鞋厂派了两个经理去非洲考察鞋业发展的未来性，两个经理回来后的报告却截然不同：一个失望地说，非洲的人都不穿鞋，所以，完全无市场可言；另一个则喜出望外地说，因为那儿的人都没有鞋穿，所以，前途大好。当面对问题时，消极与积极的态度是不是一目了然？

人生因为面对问题的态度不一样，所以，结果也不相同。

有一位老师带着一大群大专同学上潜能课，最后一天结业时安排了一堂徒手劈3片木板的测试，可想而知这对同学们造成多大的震撼，尤其是瘦弱的女孩子，怎么可能做到嘛！但在告知这个挑战后，他发现同学中出现了两种人，一种是拼命想出击破木板的方法，不停地彼此商量、练习、打气；另一种则干脆宣布放弃，因为他觉得这是不可能做到的事。结果，到测试那天，真的有人空手击破了3片木板，而且这不仅是强壮男生的专利，连瘦小的女生有的也让人刮目相看了；反观那些一直认为不可能的人，到最后依然是不可能，他们甚至连"试"的勇气都没有。

人在面对问题时，只要抱着迟疑的态度，那么问题可能永远也解决不了。

有一家出名的牛肉面店，这家店在新开张时，生意很差，几乎所有亲戚朋友和邻居都告诉店老板："你最好别卖牛肉面，难道你不知道这附近已开了5家牛肉面店？绝对做不起来的，别浪费时间了。"但这位坚持己见的老板却不放弃。

"如果牛肉不好吃，我就换牛肉；如果店面太简陋，我就换装潢；如果汤头不够好，我就再改善；如果顾客嫌面碗不好看，我也可以换碗；即使他们觉得面卖得太贵，我也可以降价！"他如是说道。就因为勇于面对问题，并通过一连串的思考，这个老板如今已开了两家分店了。

由上述的故事可知面对问题时的态度与能力绝对可以导致不同的结果。

严格说来，生命中的每一个问题都可以变成目标，只有目标的存在，你才能真正去完成一些事。换句话说，因为有目标在前方，你就必须以智慧能力去完成，而在目标完成的过程中，问题自然也就消失了。

遇到问题，有的人只会双手一摊，说自己没办法，然后把问题丢给别人；也有人永远把解决问题当做最大的目标，这样的人就是积极负责型的人。

通过多年的观察，我们发现有的主管即使能力很强、IQ很高，但遇事畏怯、不勇敢，不能把问题转化为目标，这种人要想自我成就，一路走来必定会非常辛苦、非常累；另一种主管，也许 IQ 不是很高，但他面对问题的态度却是正面、积极的，EQ 加上 IQ 的结果，他反而可以做最好的发挥。

# 切忌令自己陷入工作误区

对公司管理人而言，工作是头等大事，或者说把工作如何做得条理清楚，程序明确，上下一致，是他的管理重点。但是一名优秀的公司管理人应该懂得怎样在实际工作之外培养自己的工作素质，怎样才能把平时的积累化为自己的工作能力。这就是所谓的"超越工作误区"。

超越工作误区，是作为一名公司管理人在工作上必不可少的，许多成功的管理人往往具备了这一魅力，才赢得了大家的赞誉。超越工作，不是越权，而是在自己工作的方法上、思维上的超越，在自己工作精神上、素质上的超越，公司管理人掌握了这点工作会更轻松、更挥洒自如。

超越工作误区，看起来比较抽象，但也是最具意义的。这个成功的掌握部属的法则，就是要开阔胸襟，放开眼光，多在工作环节上动脑筋，多在工作之外寻求一些补充自我营养的"作料"，多方面地充实自我与磨炼自己。

具体地说，例如，多数的公司将工作详细分类，每一种工作有其一定的实行方针，由于规定过于详尽，工作者难免会固执于它的方法，将它当成工作的目的，反而忽略了工作本身更大的意义。而这也就是身陷工作误区的结果。那么，是否可以找到一条捷径，把工作开展得清楚明了呢？

要确实做到超越工作误区，首先就是要扩展你的视野，其方法如下：

1. 与公司以外的人尽可能地接触，聆听他们的意见。

2. 多阅读书籍，参加讲习会，听演讲等。

3. 多与同事及部属闲谈。

总之，一个心胸狭窄、视野短浅的人，必无法成为成功的公司管理人。国家有百年之计，公司的经营同样也需要高瞻远瞩，而不是一味地迁就事实，这是最重要的。

公司管理人比别人高明之处在于：能够及时发现一项工作在什么环节上出现了障碍，而且这个导致障碍产生的原因是什么？是由于以前的工作思路而致，还是工作的条框太多？是由于安排的工作方法欠妥当，还是有人不能胜任？诸如此类的问题，一定要弄个水落石出，才能超越工作误区，真正把工作搞得出色。

在艺术创造中，有"功夫在诗外"的说法。同样，公司管理人要避免陷入工作误区，也要多在自身的思维、方法上多下些工夫，真正能做到"换脑筋，想办法，干实事"，不能死钻工作的牛角尖。只有开通的大脑，没有呆板的工作，关键要看你是否能想个明白。

# 学会高效地安排工作

在现实生活中，有些管理人工作起来非常繁忙，似乎有许多事情要做，结果是东一榔头，西一棒槌，缺乏成效。因此，效率往往是一名优秀的公司管理人必须注意的问题。否则，事倍功半，拖泥带水，怎样说明你工作能力强，你的魅力又从何而来？

想要有效率地管理又要控制时间，分派是一项绝对必要的措施。它是一种非常重要并助你成功的活动。

前面的那些建议是为了使你和周围的环境变得有条有理。达此目的之后，你应该已经减少了花在日常活动上的时间，又不用因此而变得紧张兮兮。节约下来的时间，必须用在重要的事务上。有了有条不紊的办公桌、文件、系统和工作习惯是一回事，而使用这些工具去完成有意义的任务，则是另一回事。

为了达到有意义的目标和成为有效率的管理者，我们必须优先把时间用在有意义的活动上，而取代许多无意义的或次要的活动。

现在我们来讨论如何更妥善地利用时间，从而使工作更有效率。我并不是主张要教你把工作时间延长到 10 至 12 小时，如果你愿意，甚至还可缩短花在工作上的时间。

糟糕的是，许多人确实试图延长他们的工作时间，以完成更多的工作。但那是没有益处的。工作会不断地扩展，以填满它能得到的时间。工作不是固体，它像是一种气体，会自动膨胀，并填满多余的空间。

这就是时间管理专家并不鼓励你为解决时间问题，而延长工作时间的理由。延长工作时间，不仅影响你的家庭和社会生活，它还能降低你工作的效率，因为你把晚上当做了白天的延伸。如果一个计划到下班时还没写完，也许你会耸耸肩对自己说："我会在晚上把它写完。"也许你宁愿这样做，也不愿利用下班前的那15分钟好好地赶完工作；或者你不愿意匆忙行事，并将自己置于压力之下；或者不愿意硬塞给别人。总之，不愿意在上班时间内，解决尚未完成的工作。

但你若是不管出现什么困难，都要在规定的时间内完成你的任务，这样也不好。因为困难会造成压力，甚至可能导致身体不适。你只能把活动压缩在这么多的时间内，就比如气体虽然能被压缩，但它受到的压力越大，它对容器壁的压力也就越大。

这就是产生紧张、精神崩溃甚至更糟的情况出现的原因。人们把越来越多的工作塞进同一个时间容器，从而使自己处于极度紧张的压力之下，直到最后，压力过大导致容器的爆炸。

你可能会说："算了吧，我宁愿延长工作时间也不愿爆炸！"但延长工作时间，只会耽搁必须做的事。如果你有一个较大的时间容器，你就能在里面塞入更多的活动，而你也会这样做。但这是工作狂的本性。而当爆炸最后来临时，你也是唯一的受害者。

延长工作时间不是办法。你所做的事情决定你的效率，而且进一步说，甚至还关系着你的健康。

意大利经济学家和社会学家柏拉图，在他所创造的柏拉图原则中指出，在一个群体中，重要的成分通常只占全部成分的一个相对小的比例，所用的实际数字是20%和80%。所以，你的20%的活动，占你所有活动的80%的价值，这就是二八定律。

这个原则令人吃惊的地方，是它似乎对所有的事情都适用。20%的业务员带来80%的新业务；20%的发明项目，创造了全部发明价值的80%；20%打电话给你的人，占用你80%的打电话时间；你20%的雇员，制造了80%打扰你的事件；你20%的文书工作，带给你80%的重要成果，等等。

80%和20%这个数字可能不准确，但这个原则在实践中肯定是适用的。相信它，它给你带来时间观念，成功地管理自己的基础。

如果你能把你的各种活动分类，也许你会发现有20%是非常重要的活动，它给你带来80%的成果；其余80%的活动，由重要活动、不重要但需要做的活动、不重要的活动和不必要的活动组成。

从理论上讲，你可以省去80%的活动，而仍保留80%的成果。那就是：

排除5%至10%的不必要活动；委托他人做一些事。这将为你腾出20%至50%的时间。

然后，用这些"空出来的时间"，去完成特别重要的工作，如做计划和考虑革新项目。

首先，你必须决定打算花多少时间来工作。然后，你必须排除或委派别人去做次要活动，并以特别重要的活动填补空出的时间。特别重要的活动，是指那些能带来更多的报酬、获得重要的成果、使你向个人和公司的目标迈进的活动。

## 管理人如何管理自我

毫无疑问，渊博的学识和不断地创新是事业成功的基础。那么，管理人如何管理自我呢？即私营公司管理者的自我塑造问题同样引人注目。

然而，把一个概念变为成果，离开他人的合作，任何人，无论是伟人还是凡夫，都无法实现。

与人合作得是否愉快且卓有成效，完全取决于你与人相处的能力。

以下 11 条准则是一位美国大私营公司的总经理和管理人对自己一生的总结。

1."让我感到我的重要"

几年前，有人向劳伦斯学到一个信条，他说在每个人脖子上都有个无形的胸卡，上面写着："让我感到我的重要。"

这句话揭示了与人相处的关键所在。其意思是说我们每个人都要求得到承认，我们有情感，希望被喜欢、被爱、被尊敬。要求别人不把我们看做是个自动机。

2."认识我"

给人亲近感的最好方法就是以名相称，特别对那些和你没有工作上来往的人。

在邮局里，一声"早安，莎莉"（伴随着微笑），会缩短你们之间的距离。

在办公室里，当坐好后会有人说："莎莉回家后告诉他丈夫，'信不信由你，我们工程部副主席居然认识我。他叫了我的名字。我只是250 人的技术中心里的小人物呵！"

3."亲临现场"

亲临现场是高效管理的一个好办法。

上下相得从而上下一心。有这样一位领导，他经常不在办公室里，一有时间就到员工中去，今天这个车间，明天那个科室。员工称他为"游击司令"。这个"司令"的脑子里有一部员工的活档案：谁的家庭情况怎样，工作有什么特点，经常闹什么情绪，甚至脾气、兴趣如何，他都一清二楚，与工人谈起话来十分亲切投机，员工有什么心里话都愿意对他讲。假如他高高在上，员工几个月也见不到一次面，就不会有这样水乳交融的场面。

4. "实现真正的宽容"

宽容是容忍我们不同意的事。

举一个例子，你的助手拟定一份时间表，重新设计以克服其疲劳，他正在与材料试验室、工艺部门和台架试验部门打交道，以求得结果。

但是，你知道找工艺部门根本没用。过去，他们只会提出问题而不能解决问题。

即使这样，你是不是在责备他之前，保持冷静，让他提出一个经过试验的最终设计呢？

5. "一分钟经理和管理人"

实现真正的宽容要按某种方式和同事工作。"一分钟经理和管理人"就是这种方式的简单化解。

它要求所有的人都制定自己的工作目标，即每个人都积极参加自己目标的制定过程。

一旦开始实施，人们就要知道做什么，怎样做。

如果执行得不好，如拖沓、怠慢，你就应及时向有关责任者指出，切不可拖着不处理。

6. "表现人性的一面"

最有助于沟通老板、同僚和下级交流及理解的两种方式是：

有错认错；公开批评自己。

一旦犯了错误，就马上承认。

杰克以前的老板对他说过："如果你犯了错误，必要时，自己走上断头台，让人家砍头好了，通常大家会谅解的。"

另外，幽默感和自嘲是很有益的。

它表明你是个人，一个普通的人，而不是老顽固。幽默感常能使你摆脱尴尬局面，化干戈为玉帛。

7. "和老板的关系"

经常听人这样谈论老板和私营公司："我要应付那些我不愿做的事。为什么一定要给那个讨厌的人干活。老板一点也不了解我、信任我。"

杰克的信条是："我的工作永远要使老板满意。"

在杰克的事业生涯里，杰克发现尽可能地不断付出，而不寻求马上报答，会使杰克得到比酬劳更重要的东西，这就是信任。

8. "助人发展自我"

这是完善人性的另一个热门理论。

我们在某方面培训人才时，实际上，就是在更大的范围内为他们打开了机遇大门，以开发他们还未利用的能力、技巧、资质和智慧，使人们超越自我成为可能。

你给人一项任务，他在完成时，运用了新发现的能力，这样你就帮助了他发展自我。你和他共享其乐趣。反过来，也使其增强了自信心，以便今后在前人没走过的路上迎接更大的挑战。

如果他跌倒了，你就去指导他，使他能重新爬起来，鼓励他，去克服第二次失败的恐惧。

9. "把参加管理发展为共同占有"

作为一个上司，不论多么聪明和富有创造，不可能像6个、12个或20个助手那样面面俱到；而集体的智慧才是取之不尽、用之不竭的。在制订计划时，向每一个参加者灌输占有意识。而且，一个管理人必须适应一个生机勃勃的集体，不是压制它，不能要求集体买你个人的账。

10. "听——只说不听无法学到东西"

不知你注意了没有，当和别人交流时，如果我们总是说，就学不到什么东西。只有在创造性地倾听时才能学到。因而，让别人说，给人以表达的机会，倾听他们的意见、悲伤和情感。

11. "切忌猜疑"

有句俗语说："猜疑把你、我都变成蠢驴。"然而，我们还是经常推断别人的反映和行为。我们常以为事物是不变的，人是不变的。

有时，我们根本观察不到与过去情况发生了微妙的变化，而这变化可能促使人们采用与过去不同的行为方式。总之，与人相处有 11 条准则，并不是要求你是应用这些准则的楷模，但必须不断地学着应用。说来也怪，很奏效。与人相处得好，这一人生中最重要的品质，不是生来就有的；同时，从现在做起也不晚。缺少同别人的和谐关系，就算有了知识、智慧和财富也毫无意义。

# 第四章 进行深入考核：
## 绩效是最有力的无形标杆

有些管理者总爱罗列出各种条条框框，以此"管理"员工，其实此法并不过分，但真正的管理之道是：让员工自己对照"绩效"这面无情之镜，看看自己每天做了多少。

NiDe GuanLi GuiLingLeMa

## 提醒自己考核是为了帮助员工成长

绩效考核是对员工工作的精确衡量，应该体现公平和公正。管理者在实施绩效考核过程中，要时刻提醒自己绩效考核是为了帮助员工成长，而不是为了揪员工的小辫子，所以，绩效考核记录的应该是员工的绩效表现，应如实记录，既包括员工工作中的失误，也包括员工所取得的成绩。这样的绩效考核才能让员工从心底认同。

如果绩效考核只是一堆冷冰冰的数字和表格，就无法实现为员工成长服务的目的，所以，在实施绩效考核的过程中，还需要管理者与员工之间进行面对面地沟通，更多地了解员工的想法，避免在考核过程中出现失误。如果管理者只是作为一个员工工作表现的记录者，那绩效考核也就失去了帮助员工成长的意义。管理者和员工之间的沟通还有助于达成双方的相互理解，改进工作中的问题，发现管理流程中的漏洞和不足。

绩效考核的最终目的是为了改善员工的行为，推进企业的发展，所以，管理者应该注意考核标准的透明化，而不是任由员工盲目努力，应由管理者和员工共同制定考核标准，标准既不能太高以至于每个人都达不到，也不能低到丝毫不具挑战性。当员工参与制定考核标准时，员工就明确了自己的努力方向，而且管理者看到员工的工作评估时，应及时地表明意见，需要表扬的即刻给予肯定，需要批评的也马上给出意见。这样才能有效地改善员工的行为。

为了更加准确地评价员工的工作，还要避免出现片面和偏见。管理者有必要从多个角度对员工进行绩效考核，而不是单单从上司的角度来进行考评。个人的目光难免会有所偏颇，而且每个人大都有人性上的一些弱点，片面地评价很容易失之公允，所以，绩效考核可以从上司、同事、团队成员、客户等多个角度进行评价。这将使考评结果最大限度地体现科学和可靠，而且，这样的考评显然能更全面地对员工工作进行总结，有利于员工从中找出不足，更好地改进。

　　某公司的绩效考评就采取了 360 度评估体系，在公司内部成为"个性对口鉴定制度"。一个员工工作成绩的评定并不仅仅是由他的顶头上司做出的，同时还要参考其他部门领导和员工的意见。为了使评价结果准确，评价人和被评价人都是在工作上有密切接触的。例如，一个股长想要提升为课长，除了顶头上司的评价外，还要从其他部门选出 5 人对其进行领导能力和观察问题能力等 20 多项内容的评价和鉴定。

　　总之，绩效考核不能成为阻碍企业发展的一项制度，而应该成为促进员工成长的推动力量。只有绩效考核公平公正，才能使管理者和员工之间实现双赢的结果，这就需要管理者承担起自己的职责，和员工建立和谐关系。

## 绩效考核是管理者实施有效管理的一根指挥棒

　　绩效考核是管理的一支导向标，更是管理者实施有效管理的一根指挥棒。但是，如果对考核的把握失度，该紧不紧、该松不松，就会失去它对于员工的管理作用，这根指挥棒也就成了一根没有任何意义的大头棒子。

　　领导者应注意，考核等级之间应有明显的差别界限，应针对不同的情况制定不同的考核方法，使考核发挥最大的激励性。

1. 要素评语法

要素评语法是上级评定法的一种，它赋予"考核内容"和"考核要素"以具体的内涵，使每一分数有对应的描述，从而使评价直观、具体和明确。

2. 叙事量表

叙事量表是用来评估其员工的发展和进步的。上级不但要根据工作标准评价员工的表现，而且要提供具体的事实，并且为员工达到或超过工作标准设计一个具体的实施计划。

3. 行为观察量表

量表构建要先通过员工获得关键事件和行为，然后将行为分为几个维度，并评定关键行为代表什么等级的工作表现，再将关键行为列成一张表。上级阅读这些行为并评价员工在多大频率上有这些行为，方法是用 5 级评分制，从 1 到 5 依次表示员工表现该种行为的百分比从小到大。评估完每个员工的具体行为后，对每个维度的所有行为的得分求和，得到该维度的总分。将每一个维度的得分求和得到该员工的整体得分。

4. 行为差别测评法

行为差别测评法先通过一个类似于关键事件法的工作分析程序获得大量的描述句，描述从有效到无效的整个行为系列，再通过整理，根据相似性对项目进行分组，每一组项目具有一个概括性的描述，并将这些描述句作为"绩效标本"。之后，将这些"绩效标本"安排在问卷中，并发放给抽样产生的 20 位在职者和其上司。对问卷涉及的有效和无效行为的信息进行分析，最后据此制作测评表。

5. 图式化的评定量表法

图式化的评定量表法是上级评定法中最简单和最常用的。图式化的评定量表包括若干的维度和每个维度的得分范围，由上级在量表上评价该员工的工作表现在每一维度上的得分。

6. 日记法

日记法指上级在平时不断地（如每天工作结束的时候）对员工的表现做详尽记录。

7. 强迫分布法

强迫分布法是一种常用的员工间比较的方法，这种方法要求评价者将所有的员工放置在一个正态分布的量表中，这种方法可以避免评价者的分布错误。强迫分布法的主要缺点是不利于创造团队合作的气氛。

8. 迫选量表

建立迫选量表，要先获得对员工行为或特点的描述，然后，确定员工写出的描述句的"差别性指数"和"偏向性指数"。偏向性指数是通过将每一描述句对于最有效和最无效者的测评分数加和然后求平均数，表明描述句的行为或特点的吸引力和合乎需要的程度。差别性指数通过比较每一描述句对于最有效和最无效的测评分数之差而得，反映一个描述句描述一种行为或特点，从而使优秀的职员区分开来的程度。由于考评者较难发现每一组描述句中哪些会最终导致较高（或较低）的考核成绩，从而可以降低考评者对个人的偏袒和贬低。

9. 目标管理法

目标管理法是通过使主管人员和下属共同参与制定双方同意的目标使组织的目标得到确定和满足。这些目标是详细的、可测量的、受时间控制的，而且结合在一个行动计划中。在以双方确定的客观绩效标准为中心的绩效测评期间，每一进步的取得和目标的实现是可以测量和监控的。目标管理的一般程序是：设定组织的目标；设定部门的目标；讨论部门的目标；设定员工的个人目标；工作表现回顾；提供反馈。目标管理法的核心在于将组织的目标首先分解为部门的目标，再分解为员工的目标。员工对于完成目标的方式和进度有很大的自主权。考核非常客观而且考核内容是和工作相关的，但是目标的设定是因人而异的，每个员工的目标的难度都不同，其具体的工作环境和条件也不同，而且每个员工的能力和完成该目标所需要付出的努力也不同，这样很难对不同的员工进行比较，而且并不是所有的工作都可以设定明确的目标。

10. 混合标准量表

员工评价每一个样本事件在多大程度上代表各种水平的员工表现。对于每一个工作维度，选择一个代表好的、差的和中等的表现的关键行为，然后将这些行为随机排列。混合标准量表可以鉴别出没有逻辑性的测评者。

11. 关键事件法

关键事件法是指员工的上级在绩效考核的过程中回忆他所观察到的员工突出的工作行为，列出一张员工行为的清单，从而将员工的好的行为和差的行为分别记录在表格中，据此对员工进行评价。这样一份结构化的行为记录表，不但提供了考核的依据，而且使考核的结果更为准确和客观。由于要对员工的工作表现进行记录，上级会一直留意员工的工作表现，而不是在年中或年末才根据员工近期的表现做一个评估，而且这样可以给员工提供好的工作范例，上级在给表现较差的员工设定工作目标时，可以将此范例作为工作的样板。

12. 固定行为评价量表

评价者记录员工的行为，然后和典范行为相比较，再给出员工行为的量化的评估。这样可以使评价更为简单和准确，但建立量表会比较费时，因为需要确定工作的维度和每一维度下的典范行为及其在量表上对应的分数。具体的步骤如下：

①创建工作维度；

②寻找样本事件；

③排列事件；

④给事件评分；

⑤选择事件；

⑥创建量表。

评分方法有两种：

①上级给员工的每一个行为评分，最后计算每一维度的平均得分；

②上级回顾员工的所有表现，得出一个总体的印象，将该印象与量表总的标准行为相比较，得出该维度的分数。固定行为评价量表的优点有：评价的标准非常明确；量表给员工提供了好的和坏的行为样本，可以帮助员工改进表现；有较高的评分者一致性。

13. 固定行为纪律量表

固定行为纪律量表包含两个维度：错误行为（打架、旷工）和重犯错误。该量表类似于车辆管理的评分方案。该量表主要是用于防范一些对组织不利的行为。

14. 工作表现分布量表

当员工的数量较多时，可以用工作表现分布量表。员工数量较多时，上级很难一次将员工的等级都排列出来，但是比较容易挑出最好的员工和最差的员工。

15. 对偶比较法

当有较多的员工需要进行等级评价时，可以采用对偶比较法。对偶比较法是逐个将员工两两比较，从比较的两个员工中找出表现较好的一个。对偶比较法对员工的评价较为细致，结果更为准确。

16. 等级评定法

为了使评价能够拉开等级，可以采用员工之间比较的方法，即对员工相互之间的工作表现进行比较，获得一个相对的考核结果。最容易和最常用的员工间比较的方法是等级排序法。这种方法将员工的每一个相关维度按照优劣排序，最后求出所有维度评价等级的平均分数作为对该员工的最后的评价等级。

## ↘ 绩效考核要有助于员工的成长

对于管理者来说，绩效考核绝不是对员工进行批评甚至横加指责的机会，因为这样的绩效考核一定不能被员工所接受，更不必说为企业发展服务了。管理者一定要形成这样的观念：绩效考核是为员工的成长提供服务的，这样才能让员工更愿意接受绩效考核的结果，也使管理者能更有效地利用绩效考核为企业的发展服务。

当管理者把绩效考核看做是为员工成长服务的工具时，管理者就不会对员工出现的错误进行大肆的批评，而是坦诚地指出员工工作中的不足，帮员工改正那些妨碍他们进步的缺点，从而取得更大的进步。而对于有成绩的员工，则承认他们对公司所作出的贡献，借助于绩效考核来对他们进行相应的奖励或提升。这样的绩效考核才能够得到员工的支持，使管理者和员工之间建立良好的关系。

能够保持公平公正的绩效考核才能让员工和管理者之间形成融洽、信任的关系。如果员工对绩效考核没有积极的态度，甚至表示反对，那么管理者就要检讨自己是否让员工感受到了公平。

尽管人人都渴望得到赞美，但是绩效考核不可能变成庆功会，管理者对于那些绩效水平较低的员工还是要提出批评和建议的，以便督促他们进步。只要管理者能够站在员工的立场上，诚恳地提出自己的看法和建议，员工就能够感受到管理者的关心，他们不会由此而产生防备心理或消极对抗，而是会虚心接受。而那些绩效水平较高的员工，同样需要得到管理者的肯定和奖励，让他们感受到自己的工作对于企业的贡献，从而受到更大的鼓舞。

员工个人的成长是和企业联系在一起的，通过管理者指定的一系列量化指标，员工对于自己的工作就会有更加明确的认识，从而更加明确自己的努力方向，而且通过管理者的指导和建议，员工和管理者能够形成更好的沟通。

在某电气公司，管理者十分注重学习，但是相比于学习，更重要的是业绩。他们认为，一开始你不了解自己的工作，不可能把它做好，但是经过学习之后，一切都要靠业绩证明。它的管理者向自己的员工传达了这样一个理念：业绩在公司的文化中占有十分重要的位置。当你进入了公司，不管你来自哪儿，衡量你的都是同一套标准，你现在的表现比你过去的经历更重要。在这里，绩效考核总是服务于员工的成长，公司为员工提供了很多表现自己的机会，员工随时都可以接受更大的挑战。正是凭借这样的绩效考核，该公司取得了令人注目的成绩。

当管理者的绩效考核得到了员工的认可，并成为促进服务于员工成长的工具时，员工就会充分地发挥自己的主动性去面对企业的考核，积极为企业的成长努力。

## ↘ 绩效考核要达成双赢结果

实际上，无论是对员工还是对管理者来说，绩效考核所产生的效果都是双赢的。管理者和员工之所以会对绩效考核有抵触或反抗的心理，不过是在观念上有分歧。管理者认为绩效考核是让员工受益了，因为表现良好的员工可以得到奖励。但是员工们的看法却是相反的，他们认为管理者之所以进行考核不过是为了让他们干更多的工作，即使有部分员工受益，也是应得的，是辛苦工作换来的。更多时候，绩效考核就是他们的黑名单，管理者借此对他们进行惩罚。所以，员工们认为绩效考核的受益者是企业。

正因为如此，所以管理者在绩效考核中就面临着很重要的责任。一方面要正确地理解和执行绩效考核，对员工的工作有正确的评价；另一方面，又要避免员工和管理者之间的矛盾，防止因为绩效考核造成管理者和员工的不和。为了避免这些问题，管理者首先就要帮助员工在这一问题上形成双赢的观念。

管理者和员工是合作伙伴关系，管理者的工作成绩实际上是通过员工的工作绩效来表现的。员工的工作绩效较高，是对管理者的管理成绩的证明，所以，在工作绩效的评定上，管理者和员工并不是对立的，而是相互统一的，双方利益共享，风险共担。管理者对员工进行绩效考核，并不是为难员工，也不是趁机批评指责员工，而是让员工明确地知道自己的工作对于企业的意义，肯定员工对企业的贡献，同时帮助员工找出工作中的缺点，便于更好地改进。绩效考核在帮助员工成长的同时，也在帮助企业成长。

如果管理者和员工达成了这种双赢的观念，管理者就能够更加明确地帮助员工确立工作目标和工作时限，并为员工完成任务提供更多的支持。而员工也就能够安心工作，同时利用绩效考核，使自己的工作更容易达到绩效目标。

为了帮助员工达到绩效目标，管理者不应该只在绩效考核的时候指出员工的错误以便惩罚他们，而是随时和员工保持沟通，为员工提供帮助，提供改进意见。员工在管理者的及时辅导下，也能够迅速地解决工作中出现的问题，从而和管理者确立良好的关系，提高工作的积极性。

# ↘ 每个员工都应看重绩效考评

绩效考评是公司新经理人绩效管理的一个重要方面，也可以说是一个难点。绩效考评是指对员工的工作进行客观的评价，这种评价直接关系到薪金调整、奖金发放、职务升降等诸多员工的切身利益；如果做得不好，会起到适得其反的作用。

许多新经理人都有这样的体会：涨工资和发奖金都不是一件容易的事情。如果新经理人对这些事情的处理无法得到员工的满意，很容易让员工对公司产生抱怨，或者让员工之间发生冲突。之所以让员工不能感到满意，是因为企业无法拿出有说服力的证据，来说明谁的工作出色，谁的工作不出色，出色的与不出色的到底差别有多大，对员工进行绩效考评可以解决这个问题。除此之外，绩效考评还可以让员工们明白自己在企业的真实表现（企业对员工的评价）和企业对员工的期望，并且能为员工的晋升和降职提供有力的参考依据。

绩效是业绩和效率的统称，包括活动过程的效率和活动的结果两层含义。经营业绩是指经营者在经营管理企业的过程中对企业的生存与发展所取得的成果和所作出的贡献；管理效率是指在获得经营业绩过程中所表现出来的赢利能力和核心竞争能力。

绩效考评是一种正式的员工评估制度，它是通过系统的方法、原理来评定和测量员工在职务上的工作行为和工作效果。绩效考评是企业管理者与员工之间的一项管理沟通活动。绩效考评的结果可以直接影响到薪酬调整、奖金发放及职务升降等诸多员工的切身利益。绩效考评的最终目的是改善员工的工作表现，以达到企业的经营目标，并提高员工的满意程度和未来的成就感。美国组织行为学家约翰·伊凡斯维奇认为，绩效考评可以达到以下 8 个方面的目的：

1. 为员工的晋升、降职、调职和离职提供依据；

2. 组织对员工的绩效考评的反馈；

3. 对员工和团队对组织的贡献进行评估；

4. 为员工的薪酬决策提供依据；

5. 对招聘选择和工作分配的决策进行评估；

6. 了解员工和团队的培训和教育的需要；

7. 对培训和员工职业生涯规划效果的评估；

8. 对工作计划、预算评估和人力资源规划提供信息。

根据绩效考评的考评内容，可以分为效果主导型、品质主导型和行为主导型 3 种类型：

1. 效果主导型

考评的内容以考评工作效果为主，效果主导型着眼于"干出了什么"，重点在结果，而不是行为。由于它考评的是工作业绩，而不是工作过程，所以考评的标准容易制定，并且考评也容易操作。目标管理考评方法就是对效果主导型内容的考评。效果主导型考评具有短期性和表现性的缺点，它对具体生产操作的员工较适合，但对事务性工作人员的考评不太适合。

2. 品质主导型

考评的内容以考评员工在工作中表现出来的品质为主，品质主导型着眼于"他这个人怎么样？"由于品质主导型的考评需要使用如忠诚、可靠、主动、有创造性、有自信、有协作精神等定性的形容词，所以很难具体掌握，并且操作性与效度较差，但是它适合对员工工作潜力、工作精神及人际沟通能力的考评。

3. 行为主导型

考评的内容以考评员工的工作行为为主，行为主导型着眼于"干什么"、"如何去干的"，重在工作过程，而非工作结果。考评的标准较容易确定，操作性较强。行为主导型适合于对管理性、事务性工作进行考评。

绩效考评最显而易见的用途是为员工的工资调整、职务变更提供了依据。但它的用途不仅仅是这些，通过绩效考评还可以让员工明白企业对自己的评价，自己的优势、不足和努力方向，这对员工改进自己的工作有很大好处。另外，绩效考评还可以为管理者和员工之间建立起一个正式的沟通的桥梁，促进管理者和员工的理解和协作。

具体而言，绩效考评主要有以下几方面的用途：

1. 为员工的薪酬调整、奖金发放提供依据

绩效考评会为每位员工得出一个评价考评，这个考评结论不论是描述性的，还是量化的，都可以为员工的薪酬调整、奖金发放提供重要的依据。这个考评结论对员工本人是公开的，并且要获得员工的认同，所以，以它作为依据是非常有说服力的。

2. 为员工的职务调整提供依据

员工的职务调整包括员工的晋升、降职、调岗，甚至辞退。绩效考评的结果会客观地对员工是否适合该岗位做出明确的评判。基于这种评判而进行的职务调整，往往会让员工本人和其他员工接受和认同。

3. 为上级和员工之间提供一个正式沟通的机会

考评沟通是绩效考评的一种重要环节，它是指管理者（考评人）和员工（被考评人）面对面地对考评结果进行讨论，并指出其优点、缺点和需改进的地方。考评沟通为管理者和员工之间创造了一个正式的沟通机会，利用这个沟通机会，管理者可以及时了解员工的实际工作状况及深层次的原因，员工也可以了解到管理者的管理思路和计划。考评沟通促进了管理者与员工的相互了解和信任，提高了管理的穿透力和工作效率。

4. 让员工清楚企业对自己的真实评价

虽然管理者和员工可能经常会见面，并且可能经常谈论一些工作上的计划和任务，但是员工还是很难清楚地明白企业对他自己的评价。绩效考评是一种正规的、周期性的对员工进行评价的系统，由于评价结果是向员工公开的，员工就有机会正面地清楚企业对他的评价，这样可以防止员工不正确地估计自己在组织中的位置和作用，从而减少一些不必要的抱怨。

5. 让员工清楚企业对他的期望

每位员工都希望自己在工作中有所发展，企业的职业生涯规划就是为了满足员工的自我发展的需要，但是，仅仅有目标而没有进行引导，往往也会让员工不知所措。绩效考评就是这样一个导航器，它可以让员工清楚自己需要改进的地方，指明了员工前进的航向，为员工的自我发展铺平了道路。

6. 企业及时准确地获得员工的工作信息

为改进企业政策提供依据，通过绩效考评，企业管理者和人力资源部门可以及时准确地获得员工的工作信息。通过这些信息的整理和分析，可以对企业的招聘制度、选择方式、激励政策及培训制度等一系列管理政策的效果进行评估，及时发现政策中的不足和问题，从而为改进企业政策提供了有效的依据。

## ↘ 绩效考评中的误差

通过绩效评估可以加强员工的整体工作表现，但绩效评估最忌不公正、有偏私。考评应该避免以下几种偏误：

1. 考评指标理解误差

由于考评人对考评指标的理解的差异而造成的误差。同样是

"优、良、合格、不合格"等标准，但不同的考评人对这些标准的理解会有偏差，同样一个员工，对于某项相同的工作，甲考评人可能会选"良"，乙考评人可能会选"合格"。为避免这种误差，可以通过以下 3 种措施来进行：

①修改考评内容，让考评内容更加明晰，使能够量化的尽可能量化，这样可以让考评人能够更加准确地进行考评；

②避免让不同的考评人对相同职务的员工进行考评，尽可能让同一名考评人进行考评，员工之间的考评结果就具有了可比性；

③避免对不同职务的员工考评结果进行比较，因为不同职务的考评人不同，所以不同职务之间的比较可靠性较差。

2. 光环效应误差

当一个人有一个显著的优点的时候，人们会误以为他在其他方面也有同样的优点，这就是光环效应。在考评中也是如此，比如，被考评人工作非常积极主动，考评人可能会误以为他的工作业绩也非常优秀，从而给被考评人较高的评价。在进行考评时，考评人应该将所有被考评人的同一项考评内容同时考评，而不要以人为单位进行考评，这样可以有效地防止光环效应。

3. 趋中误差

考评人倾向于将被考评人的考评结果放置在中间的位置，就会产生趋中误差。这主要是由于考评人害怕承担责任或对被考评人不熟悉所造成的。在考评前，对考评人员进行必要的绩效考评培训，消除考评人的后顾之忧，同时避免让与被考评人不熟悉的考评人进行考评，可以有效地防止趋中误差。

4. 近期误差

由于人们对最近发生的事情记忆深刻，而对以前发生的事情印象浅显，所以容易产生近期误差。考评人往往会用被考评人近一个月的表现来评判一个季度的表现，从而产生误差。消除近期误差的最好方法是考评人每月进行一次当月考评记录，在每季度进行正式的考评时，参考月度考评记录来得出正确的考评结果。

### 5. 个人偏见误差

考评人喜欢或不喜欢（熟悉或不熟悉）被考评人，都会对被考评人的考评结果产生影响。考评人往往会给自己喜欢（或熟悉）的人较高的评价，而对自己不喜欢（或不熟悉）的人给予较低的评价，这就是个人偏见误差。采取小组评价或员工互评的方法可以有效地防止个人偏见误差。

### 6. 压力误差

当考评人了解到本次考评的结果会与被考评人的薪酬或职务变更有直接的关系，或者惧怕在考评沟通时受到被考评人的责难，鉴于上述压力，考评人可能会做出偏高的考评。解决压力误差，一方面要注意对考评结果的用途进行保密，另一方面在考评培训时让考评人掌握考评沟通的技巧。如果考评人不适合进行考评沟通，可以让人力资源部门代为进行。

### 7. 完美主义误差

考评人可能是一位完美主义者，他往往放大被考评人的缺点，从而对被考评人进行了较低的评价，造成了完美主义误差。解决该误差，首先要向考评人讲明考评的原则和操作方法，另外可以增加员工自评，与考评人考评进行比较。如果差异过大，应该对该项考评进行认真分析，看是否出现了完美主义误差。

### 8. 自我比较误差

考评人不自觉地将被考评人与自己进行比较，以自己作为衡量被考评人的标准，这样就会产生自我比较误差。解决办法是将考核内容和考核标准细化和明确，并要求考评人严格按照考评要求进行考评。

### 9. 盲点误差

考评人由于自己有某种缺点，而无法看出被考评人也有同样的缺点，这就造成了盲点误差。盲点误差的解决方法和自我比较误差的解决方法相同。

# ↘ 严格制定考评内容

制定考评内容是编制考评的第一步，新经理人在制定内容时，要注意体现以下两个方面的内容：

1. 公司的管理原则，即公司鼓励什么、反对什么。

2. 该岗位的工作要点，考评内容要抓重点，不能面面俱到，另外对于难以考评的项目也要谨慎处理。

绩效考评是考评员工的工作水平，所以员工个人的生活习惯、行为举止、个人癖好等内容不宜作为考评项目出现，如果这些内容妨碍到工作，其结果自然会影响到相关工作的考评成绩。

考评项目是客观考评还是主观考评，要根据被考评岗位的具体情况处理。如对项目组开发人员的考评，由于开发人员每个任务不可能一样，所以宜使用主观考评，如任务难度、任务紧迫度、协作精神、努力程度等；对办公室文员的考评应使用具体内容和抽象内容相结合的形式，因为文员有常规性事务处理，如打字、订车票、采购办公用品、维护固定资产等，这些具体工作使用客观考评，另外对他的工作态度和作风也有要求，如是否热情、是否公正等，这是主观考评。

考评的尺度一般使用五类标准：极差、较差、一般、良好、优秀。也可以使用分数，如 0 至 10 分，10 分是最高分。对于不同的项目根据重要性的不同，须使用不同的分数区间；使用五类标准考评时，在计算总成绩时也要使用不同的权重。

人事部门制定考评内容的初稿，然后要与被考评人和考评人深入地进行讨论，最终的定稿需经双方认可。

考评内容制定完成后，要制定相应的考评实施程序。考评实施程序一般分为自评、互评、上级考评、考评沟通4个步骤。

**1. 自评**

自评即被考评人的自我考评，考评结果一般不计入考评成绩，但它的作用十分重要，自评是被考评人对自己的主观认识，它往往与客观的考评结果有所差别。考评人通过自评结果，可以了解被考评人的真实想法，为考评沟通做了准备。另外，在自评结果中，考评人可能还会发现一些自己忽略的事情，这有利于更客观地进行考评（被考评人往往是他的直接上级）。

**2. 互评**

互评可以在部门内部员工之间进行，也可以由其他部门进行考评。如在一个人数较多的部门中，部门内部员工之间适合进行互评；如果人数少，而这些人主要是服务于其他部门的（如财务部、行政部等），适合由其他部门进行考评。

在互评中要注意两个问题，首先互评的项目只应是互评人有考评条件的项目，协作精神、努力程度等可以考评，某项工作的完成度则不宜考评（应由直接上级考评）；另外互评要不记名，并相互保密，这样才能保证互评的客观性和真实性。

**3. 上级考评**

上级考评是考评中必不可少的环节，因为被考评人的上级对他的工作情况最为了解。上级考评要考评所有项目，该考评一般由直接上级进行。

**4. 考评沟通**

考评成绩统计结束后，考评人要与被考评人做一次沟通，主要是通报考评成绩，并指出被考评人的优缺点和努力方向，指导被考评人改善自己的工作。

在考评沟通中，往往容易发生被考评人不认可自己某些缺点的争执。这要求考评人应事前根据自评结果找出可能产生争执的项目，并对相关内容进行客观的、广泛的调查，在解决这些争执时，才能做到有理有据。最终要使被考评人接受考评结果。

员工在工作的过程中，希望自己的工作被企业承认并得到应有的待遇和事业上的进步，同时也希望被指导，从这种意义上说，员工是希望被考评的。为了满足员工的这种欲望，许多人事专家认为，在对员工进行考评的时候，应确立以下的原则：

1. 明确化、公开化的原则：企业的考评标准、考评程序和考评责任都应当有明确的规定，而且在考评中严格遵守这些规定，同时这些规定在企业内应该对员工公开，这样才能令员工对考评产生信任感并接受考评的结果。

2. 客观考评的原则：考评应该在遵守上述规定的同时，要以客观事实为考评的准则，避免加入主观性和感情倾向。

3. 单头考评原则：对员工的考评，都应由被考评者的直接上级进行，因为直接上级最了解被考评人的实际工作表现，更高层的领导不应随便对考评的评语进行修改（除非确实有修正的必要）。

4. 反馈的原则：考评的结果一定要反馈给被考评者，否则就不能达到考评的主要目的，应向被考评者进行解释并提出指导。

5. 差别的原则：考评的等级之间应有明显的差别界限，针对不同考评结果的员工在工资、使用、晋升等方面应体现其差别，使考评带有激励性。

# ↘ 管理者的平衡计分测评法

美国管理学专家罗伯特·S. 卡普兰等人选择了在传统绩效测评方面处于领先地位的 12 家企业，进行了为期一年的研究，提出了一种"平衡计分测评法"的企业绩效评价方法。卡普兰认为，管理一个复杂性的企业组织，要求经营者能同时从几个方面来考察绩效。卡普兰的平衡计分测评法使经营者从最关键的 4 个测评指标来观察企业：

1. 顾客如何看我们？（顾客角度）；

2. 我们必须擅长什么？（业务内部角度）；

3. 我们能否继续提高并创造价值？（创新和学习角度）；

4. 我们怎样满足股东？（财务角度）。

卡普兰将顾客角度的指标视为第一位，并认为顾客绩效指标来自组织中所发生的程序、决策和行为。以顾客为基础的测评指标，必须转化为企业内部做什么的指标，因此要求新经理人能从内部角度考察绩效。

卡普兰的"内部业务角度"指的是："平衡计分测评法的内部测量指标，应当来自对顾客满意度有最大影响的业务程序，包括影响循环期、质量、雇员技能和生产率的各种因素。公司还应努力确定和测量自己的核心能力，即为保证持久的市场领先地位所需的关键技术。"

卡普兰将"创新和学习角度"绩效指标列于第三位，是针对激烈的市场竞争影响股东价值而提出来的。卡普兰指出："公司创新、提高和学习的能力，是与公司的价值直接相连的。也就是说，只有通过持续不断地开发新产品，为顾客提供更多价值并提高经营效率，公司才能打入新市场，增加收入和毛利，才能发展壮大，从而增加股东价值。"也就是因为市场竞争，企业不得不考虑竞争者对企业绩效（股东利益）的影响。于是，卡普兰将战略而不是控制放在了企业绩效指标的中心位置。

卡普兰最后从股东角度给出了绩效指标，并指出传统的财务绩效指标是从股东利益角度提出的。

不难发现，卡普兰的"平衡计分测评法"，已经从利益相关者角度思考企业管理绩效指标体系问题，但是卡普兰的指标体系中，缺乏经营者角度、债权人角度、供应商角度的指标；同时，除了股东外，并没有给出其他利益相关者的收益指标。由此可以看到，卡普兰的"平衡计分测评法"指标体系，仍然反映股东价值最大化思想。随着工业经济时代的结束和知识经济时代的到来以及现代企业制度的不断发展，从"股东利益最大化"到"利益相关者利益最大化"是必然的发展趋势。企业管理绩效指标体系应该体现这一发展趋势。

为此，我们将卡普兰的绩效指标体系从企业利益相关者的角度重新分类并将其扩充，得到了企业管理绩效的利益相关者指标体系。企业利益相关者包括股东、经营者、雇员、债权人、顾客、供应商和竞争者。

1. 经营者角度的绩效指标

经营者角度的绩效指标是综合性指标，我们所分析的企业管理绩效就是经营者的管理活动的绩效。从现代企业的所有权与经营权分离的特征上考虑，经营者的满意度影响企业整体绩效，所以经营者角度的指标应该单独突出出来。

①经营者满意度：经营者的工资和福利；对经营者的股权激励。

②经营者管理协调能力：经营者的努力程度；经营者的学历以及领导能力；经营者的知名度、名誉、社会地位以及社会责任感；经营者的信息系统功能。

2. 竞争者角度的绩效指标

①竞争强度：行业集中度；行业利润率。

②竞争优势与获利能力：市场份额；现金流量；增值额；研究与开发；团队学习状况。

3. 顾客角度绩效指标

①顾客满意度：质量方面；设计方面；数量方面；价格方面；服务方面；品位等。

②获得可赢利顾客能力指标：市场份额；留住客户（率）能力；保持现有的客户的能力和顾客的忠诚性；从客户处获取利润（率）能力。

4. 股东角度的绩效指标

①股东满意度：净收益和每股收益额；剩余收益；市场价值；经济增加值。

②股东获利能力：投资报酬率和销售利润率；市场价值比率——市盈率、净资产倍率；股东对经营者的控制能力。

5. 雇员角度绩效指标

①雇员满意度：生理满意指标；安全满意指标；社交满意指标；尊重满意指标；自我实现满意指标。

②雇员创造价值能力：雇员的劳动生产率；雇用期限；雇员培训率。

6. 债权人角度的绩效指标

①债权人满意度：利息或项目利润率；还贷及时性。

②财务杠杆的获利能力：资本成本；投资密度；负债率与还债能力。

7. 供应商角度的绩效指标

①供应商满意度：订货数量和频率；货款支付及时性。

②材料供应的获利能力：与供应商的砍价能力；对供应商所提供原材料的规格、性能谈判能力（关系）。

# 全视角绩效考核系统的优势

一些企业在进行绩效考核时，大多由上级主管人员来完成，这种考核方式由于其信息反馈面较窄，难以保证考核的客观性和公正性。那么，先进企业又是如何进行考核的呢？

工作是多方面的，工作业绩也是多维度的，不同个体对同一工作得出的印象是不相同的，正是根据此原理，人们在实际工作过程中开发出了全视角绩效考核系统。该系统通过不同的考核者（上级主管、同事、下属和顾客等）从不同的角度来考核，全方位、准确地考核员工的工作业绩。

据最新调查，在《财富》排出的全球 1000 家大公司中，超过 90% 的公司在职业开发和绩效考核过程中应用了全视角绩效考核系统。全视角绩效考核系统之所以如此盛行，就在于它有以下几项优点：

1. 综合性强，因为它集中了多个角度的反馈信息。

2. 信息质量可靠。

3. 通过强调团队和内部/外部顾客，推动了全面质量管理。

4. 从多个人而非单个人那里获取反馈信息，可以减少偏见对考核结果的影响。

5. 从员工周围的人那里获取反馈信息，可以增强员工的自我发展意识。

但是，该系统也存在一些问题，比如，员工可能会相互串通起来集体作弊；来自不同方面的意见可能会发生冲突；在综合处理来自各方面的反馈信息时比较棘手。

因此，当某公司在建立全视角绩效考核系统时，他们采取了一些防范措施，以确保考核的质量。

1. 匿名考核。确保员工不知道任何一位考核小组成员是如何进行考核的（但主管人员的考核除外）。

2. 加强考核者的责任意识。主管人员必须检查每一个考核小组成员的考核工作，让他们明白自己运用考核尺度是否恰当，结果是否可靠，以及其他人员又是如何进行考核的。

3. 防止舞弊行为。有些考核人员出于帮助或伤害某一位员工的私人目的，会做出不恰当的过高或过低的评价；团队成员可能会串通起来彼此给对方做出较高的评价。主管人员就必须检查那些明显不恰当的评价。

4. 采用统计程序。运用加权平均或其他定量分析方法，综合处理所有评价。

5. 识别和量化偏见。查出与年龄、性别、民族等有关的歧视或偏爱。

从这家公司的经历来看，虽然全视角绩效考核系统是一种很有实用价值的绩效考核方式，但它与任何一种考核技术一样，其成功亦依赖于管理人员如何处理收集到的信息，并保证员工受到公平的对待。

# 第五章  整合优化流程：
## 发挥集体作战的意识和功能

　　管理人应当最忌讳的一点就是有些"能人"只顾自己冒尖，不注意团队作用。一两个人能起带头作用，但一两个人绝不能起全部作用，况且整体大于部分之和呢！因此，要把大家拧成一股绳，充分发挥"集体作战"的意识和功能，打好每一"仗"，取得规模化效益。

NiDe GuanLi GuiLingLeMa

# ↘ 一个人的能力总是有限的

假若一个公司管理人独断专行，忽视群体智慧，那他的工作量是不可想象的。人生在世，无群力难以过关，所以人帮人，方能共同发展。部门管理人若不谙于此道，实乃大错也。

公司管理人一般在公司处于绝对领导地位。所谓领导，是以使用他人的智慧与能力为专业的人。这里所指的使用他人，并不仅指实际工作上督促他人行动，还应该包括使用他人的智慧在内。从来没有一项条文规定说："最初的构想，一定要管理人自己拟定的。"有很多管理人，由于太杰出、太聪明，样样决策都自己解决，于是把部下思索的机会都剥夺光了，把部下的智慧都埋没掉了。这种管理人实在不能算作最优秀的经营人才，他所做的决策也不是英明的决策。

最初的构想出自于谁，是无关紧要的，采用与否才是管理人的职责。那些唯恐丧天颜面、不敢采用他人智慧的管理人，真是大错特错。其所犯这种严重错误的原因，是由于缺乏担任管理人的应有自信。

作为公司管理人，就应从长计议，把眼光放远放大些，用他人之长，补己之不足。

在公司中，管理人的头衔意义并不大，重要的是在行动上而不是头衔上领导所有的下属，这就是"领头羊"的作用。

如何才能成为一个众望所归的"领头羊"呢？

要成为"领头羊"，下面18项原则你需要遵守：

1. 对人的权利要有坚定的信念，学会维护别人的权利，即使对那些与你见解不同的人也不例外。永远牢记，你不必因为与别人意见不合就感到不高兴。

2. 永远尊重每个人的尊严，不管他或者她是什么人。不要损害或者攻击任何人的尊严。实践这项原则的最好办法是，对待每一个女人都像对待一位夫人那样，对待每一个男人都像对待一位绅士那样。

其中也有例外，也就是说有些人不配有夫人或者绅士的称呼，但你不必对每个人指出这一点。欠缺夫人或绅士风度的人很快就会被他们自己的言行暴露出来。

3. 使用黄金规则对待每一个人，时间没有磨灭这项规则的智慧，永远也不会磨灭这项规则的智慧。

4. 要真心实意地对待每一个人，就好像他或者她与你有血缘关系一样。

5. 对待新认识的人要像对待老朋友和家庭成员一样的宽厚慈善。

6. 不要自私，更不能以自己为中心。你要记住，你不是宇宙的中心，即使有时你可能这样想，但世界并不围绕着你旋转。要考虑别人的愿望，与他们谈话要使用他们感兴趣的语言，而不是用你自己感兴趣的语言。

7. 不要建立你自己的对与错的标准。随着年龄的增长，在人的行为中，灰暗的方面多于纯黑和纯白的方面。你要学会忍受并接受你周围人们的缺点和性格方面的缺欠。心中要牢记，人们判断事物的方式也与你大同小异。永远要宽厚待人，要容忍别人的弱点和缺点。最后要注意的一点是，应该时刻盘算自己的事情，而不是盘算别人的事情。

8. 要保持健康、积极向上的学习兴趣，尤其是要学会如何帮助别人。

9. 要允许没有经验。学习是一种缓慢而反复的过程。不管你的业务或者职业是什么，都必须记住，只有通过做才能学到东西。在你能够走乃至跑之前，你也必须有爬的阶段。

10. 在无关紧要的小事上要谦让，但在原则的事情上必须坚定地站稳立场。慢慢你就会发现，在一些无关大局的小事上给别人行方便，就会在别的事上得到方便。

11. 无论何时、何地，只要你有可能帮助别人，就尽力帮助好了。这并不意味着你是一个闲得无聊爱管闲事的人。恰恰相反，这说明你是一个道德高尚的人。要随时随地帮助那些需要帮助的人。

12. 要寻找人的内在品质，不要从某些外部的品质来判断一个人，那样会把你的思想引向歧路。

13. 不要因为自己不能完成工作就不去做。

14. 要接受你无法改变的事情，但要有勇气改变这些事情。至少要认为自己有能力改变它们。这就需要你有识别它们之间差异的智慧。

15. 不要期望所有的意见都取得一致，更不能指望所有人的想法都一样。

16. 绝不能用自己的尺度去衡量别人的快乐与否。

17. 要以自身的诚实、可靠、勇敢和果断为别人树立学习的榜样。

18. 还要表现出一些另外的性格特征，诸如，耐力、热情、能动性、判断力、正义感、忠诚、交际以及策略等方面的才能。

说实话，一个管理人不能只说不干，而应言传身教，起到"领头羊"的作用，才能更好地让下属口服心服，并做好自己的工作。

# ↘ 三个臭皮匠顶个诸葛亮

公司管理人虽位在众人之上，但也并非是万能的，毕竟一个人的力量是有限的，俗话说得好"三个臭皮匠顶个诸葛亮"，那么就需要公司管理人集思广益了，以弥补不足之处，既显民主又显得胸怀广阔。

常言道："人非圣贤、孰能无过"，许多人就拿这句话当做挡箭牌来防卫自己，原谅自己。是呀，连圣贤都会做错事，何况我们凡人呢？

但是这里举这句话无意替犯错误的人开脱。因为，虽然公司管理人都会犯错，但错误既已是错误，原谅不原谅都是其次，最重要的就是如何改错的问题。错误必须找出来，必须改进，必须防止再度发生。至于追究责任，只是惩前毖后，或是杀鸡儆猴的消极作用而已，并没有积极的作用。

一个成功的公司，一定是一个能够随时检讨自己、随时改正错误而不是"没有错"的公司。事实上世界上没有不发生错误的公司，而只有不知错误、知错不改或知错改错的公司。一个公司可能发生错误的地方太多了。比如进货是不是太多，造成滞销？是不是货色太偏了，致使缩小了顾客群？是不是服务态度怠慢了，引起了顾客的不满？是不是商品的陈列太过凌乱，以致引不起顾客的消费欲？是不是管理作风恶劣，致使职工工作情绪低落？

错误的种类繁多，但是总归一句话，最大的错误莫过于经营失当。

一个管理人最大的错误就是刚愎自用。这种人总以为职工是我用

119

钱请来的，我叫他们怎样他们就该怎样。把职工的劳力当成商品，可以用钱交换，而不是把职工当成和自己一样有感情、有眼光、有智慧、有创造力的人。

事实上再怎样伟大的"董事长"都不可能是三头六臂、全知全能的"超人"。因此，不能一眼洞察明日的流行趋向，一眼看透消费者的心理，更不能准确地掌握经营方针。

唯一能够弥补"董事长"能力之不足的办法，就是以民主作风，集思广益，察纳雅言。一家公司如何走上轨道，如何遵循既定的经营方针稳定前进而不出轨道？如何在经营发生困难时检讨出错误？如何在知道错误之后悬崖勒马、改弦更张？所有经营上的秘诀都在这里。

当然职工所提的谏言、建议未必都是正确、有用的，但是经营者的风度就表现在对于那些错误的、无用的谏言之包容力。因为如果你不能包容那些错误的，甚至有害的发言，那么那些正确和有用的建议就不会从职工的口中吐出来，那么职工的眼光、智慧、创造力都被扼杀而不能对你的经营有丝毫的帮助。

凡事都是相辅相成的，好和坏也都是同时存在的。一个经营者负责整个事业都不能绝对正确，那么又怎样以绝对正确要求职工呢？

就像独裁的政府必然要走向灭亡的道路，独裁的经营者也必然要走向破产的道路。

# ↘ 把"人和"摆到首位

人人都重视"和气生财"，和气就能交往融洽，达到默契，否则就会人心涣散。身为公司管理人不能不懂此理，故此，管理人一定要把公司团队的人心收到一块儿，把"人和"摆到首位。

有人把部门分为两种，一种是对外冲锋陷阵，与竞争对手一决高下的；另一种是内部员工钩心斗角，拼个你死我活的。从管理的角度看，公司各部门多少都会存在这些问题，只要有"人"的地方，角色冲突的问题就会产生。身为管理人，切不可小瞧这些问题。因为小的冲突也会成为部门难以解决的人事管理问题，而管理人的处理态度往往是最关键的。内部的冲突对部门而言也许是一种良性的竞争，但若处理不当，则会导致内部产生不信任感。尤其是管理人的私人感情加入其中，对公司有不良的影响，家庭公司尤应防止这种钩心斗争。

你是管理人，你有责任来营造良好的工作氛围，这意味着你所在的工作环境必须能够使下属愉快高效地工作，这样才能实现你的生产目标，并且使人们为此感到满意，并从中得到激励，从而更好地完成下一步的工作。

1. 创造部门文化，强调部门的集体性，树立你部门特有的团结合作精神。例如，夏天穿统一的文化衫。

2. 不要在员工中制造敌对情绪，良性竞争是非常有必要的，但小心不要让它变了质。

3. 确保部门中的人都知道整体的任务是什么，知道自己的工作在完成整体任务中的重要性，以激发下属的责任感，让他们了解团结合作的必要性。

美国十大电器公司之一的惠普公司的发展得益于它的两条有趣的管理公式，其中一条便是：博士＋汽车库＝公司。这条公式的内涵较为丰富。首先，尊重每一位员工，认为大家都是惠普的"博士"，该公司的创始人休莱特认为"有个好的工作环境，大家就都会把工作做好"。尊重每一位员工，致力于创造上下融洽的人际关系。公司任何一级领导都没有单独的办公室，各部门的全体职工，都在一个大办公室里办公，小单位之间仅用不太高的屏风来隔开。这有利于创造上下级之间融洽的合作氛围，希望能够无拘无束地工作。此外，在公司内部，对包括董事长、总管理人、部门管理人在内的各级管理人，均直呼其名，而不称职务。

古人认为，天时、地利、人和，乃成功的三大要素。天时和地利不是你所能选择的，那么，请你牢牢抓住"人和"这一有利要素吧！

## ↘ "人和"员工才能有干劲

天时不如地利，然而地利也同样难求。地势之便可以说是每位善用兵者希望拥有的。"一夫当关，万夫莫开"。然而，有利地势并不是处处都有的，地势的有利与否，同样不能由人来决定。先入为主，先到者必是先占据有利的地势。后到者只能依势而定，进行较次的选择。

但是，并不是拥有良好的便利条件就能够在战争中取胜。正如孟子在分析拥有地势之利而依然战败的情况时所说的："城非不高也，池非不深也，兵革非不尖利也，米粟非不多也，委而去之，是地利不如人和也。"

天时不如地利，地利不如人和。取得战争的胜利，必须靠将帅士卒同心协力，团结奋战。只有如此，才能占据主动，改变敌我双方的力量对比。

散沙易失，坚石难摧。

经商就如打仗。商战目的就在于占有和控制市场，使自己的公司在商战中获得最大的利益。商战激烈，更需要上下团结齐心同舟共济，为共同的目标而努力奋斗。

善于经营的人，都很注重公司的共同利益，使全体员工形成共识。

有一家生产卫生纸、卫生棉和婴儿尿布的工厂。1983 年该厂实行了一种独特的"一日厂长"管理制度，让职工轮流当一天厂长管理厂务，这样做的目的就是让职工从实践中更充分地理解厂长工作，从而增强执行厂长决定的自觉性。

一年多时间内，全厂 500 多名职工已有几十名员工当过了"一日厂长"。就这样"一日厂长"不但走出了平日自身岗位的领域，熟悉了部门和车间的业务，而且增进了不同部门同事之间的感情。同时，"一日厂长"对厂务管理也提出了众多的批评和建议。这些意见，各部门都认真地研究、制定措施，并在干部会上进行汇报。

实行这项制度后，职工的向心力大为增强，积极性大大提高。厂里的安排和要求，全体员工都能积极地支持和响应，厂里的措施也能更顺利地实施。实行"一日厂长"制的第一年，节省了生产费用 200 万美元，厂方又把这些钱作为奖金分发给全厂员工，提高了员工的生产积极性。该厂因公司管理成效卓越，被定为"杰出劳资关系的示范工厂"。

"上下同欲者胜"，这个工厂可以说是深悟员工的同心协力共兴公司的重要性。只有公司上下紧密地团结在一起，公司内部同心协力，公司才能够存在和发展。

公司的团结是人的团结，是人心的相向。公司中的人一般分为两部分：管理人员和员工。因而在公司中也就存在三种关系：管理人员之间的关系、员工之间的关系以及管理人和员工之间的关系。所以，谈及公司内部的团结，达到公司内部的团结，也就是这三种关系的紧密团结。

首先，管理人员之间要"和"。公司的管理人员作为公司的管理人和中坚，必须首先做到团结，在公司全体员工面前做出表率。

公司管理人的形象，都会被员工注视到，他们的一言一行，可以说是深刻地影响到员工的言行。管理人员之间毫无嫌隙，齐心协力为整个公司的发展出谋划策，形成团结的气氛，这势必在整个公司中起到良好的带头作用。公司员工们看到公司管理人员都有一种良好的风气，他们就会以管理人为榜样，在整个公司中树立团结的形象。纵然有些员工想要在其中挑起是非，也必定会在团结的集体面前无计可施。可以说，管理人员的"和"在公司的员工中起着潜移默化的作用。

倘若管理人之间明争暗斗，或者每个管理人都想大权独揽，独断专行，就不可能发挥群体的智慧，很难调动公司内各不同阶层的人的积极性。这样，则往往会给公司造成巨大的损失。

其次，员工之间要"和"。员工，是公司中的一个群体。在群体活动效率中，既可能产生"正向作用"，也可能导致"负向作用"。若员工之间具有良好的人际关系，大家都为共同的目标而奋斗，则这个群体的智慧与功能就会增强。倘若员工都为了自己的需要而争抢，为了个人的私利而不顾他人，群体就会变得混乱复杂，小的集团处处可见，这样，群体的智慧和功能就会减弱。而作为上层管理人，就是要尽量地增加员工群体的"正向作用"，弱化和消除"负向作用"。在当前经济活动空前复杂、生产发展瞬息万变、公司竞争激烈的时代，要想获得胜利，首先就必须使公司内部团结一致，加强公司凝聚力，发挥群体的智慧与功能。

公司经营的成败，其决定因素在于人。而员工作为公司的主人，其作用可想而知。只有员工之间存在和谐的人际关系，从大处着眼，顾全大局，为实现公司的共同目标而齐心协力，团结一致，公司才会有稳定的发展基础和良好的内部环境，在巨大的挑战下，公司也会更有信心和实力迎接挑战。

最后，公司管理人与员工"和"。公司管理人位居上层，员工位处基层，一个进行管理，一个负责执行，形成上下两级。乍一看，两者似乎是明显的两个阶层，一个管，一个被管。员工似乎就应无条件地服从上级的管理，而根本谈不上与上级之间的"和"。然而，事实证明，管理者与被管理者之间只有真正的心意相向，团结一致，才能促进公司的发展，而不是绝对的服从，才能维持公司的秩序，以此来发展公司，实现公司的目标。

作为一个公司优秀的管理人，对员工的价值认识一定要深刻。只有这样，他才能在管理中尊重员工，给予他们权利，与员工保持良好的人际关系。这种在公司中营造出来的上层与下层之间"和"的气氛，使整个公司内部的凝聚力增强，有利于整个公司的稳定和发展。

公司的管理人与公司的员工，只有"上下同欲"，在公司内部团结一致，齐心协力，才有公司的稳定，才有公司全体人员同甘共苦、共建公司，才有公司目标的最终实现。

无论是公司管理人之间的"和"，员工之间的"和"，还是公司管理人与员工之间的"和"，对于公司来说都很重要。无论哪一环出现波动，失去团结，都会影响到公司的正常运转。作为公司的管理人，是必须认识到这一点的，并要努力实现这一目标，使公司坚如磐石，坚不可摧。

如何做到这一点呢？

1. 开诚布公。这是公司中每个人都应做到的。

管理人员之间、员工之间，公司管理人与员工之间，都要开诚布公。作为公司中的一员，大家都具有共同的责任和目标：实现公司的利益。人与人之间只有以诚相待，相互帮助，才会和谐相处。倘若每个人都怀有私心，只为了自己的利益而斗争，相互使诈，则公司内部就如一盘散沙，根本没有聚合力，也就谈不上公司的战斗力了。

开诚布公，是公司管理人、员工彼此相互了解、相互沟通的重要基础与条件。在整个公司中，每个人都彼此信任，相互尊重，形成良好的人际关系，则管理人更具有向心力，员工更有积极性，整个公司也更具有凝聚力，公司就有了发展的良好气氛和环境。

2. 以人为本，即重视公司中的每一个人，尊重他们的"自我"，尽量照顾到每个人的要求，公正平等地对待他们。正如前面所说的，人，是公司中的决定性因素。所以在公司中，提倡以人为本，做到以人为本，应是每个管理人所要重视和关注的，"管理人的任务在于创造远景，而不是逼迫部属。"柯摩根公司的史威盖特如是说。

吉米·崔华格离开惠普公司后创立了坦顿电脑。其管理的哲学在于：

①所有员工都是人才；

②公司与所有成员一律平等；

③所有成员都必须对公司有足够的了解；

④公司的成功所有成员分享；

⑤公司的环境允许以上原则存在。

正是依赖于他的管理哲学，崔华格获得了成功，其产品优异，为顾客提供了一流的服务，可以与 IBM 一争高下，在 IBM 独霸的传统电脑市场中占有一席之地。

对人员的重视，尊重人员的"自我"，可以使一个公司团结一致，坚如磐石，为公司的发展提供了充足的人力资源。"你可以批评，但不要轻蔑"，如此简洁却又如此精辟。它道出了一个管理人对员工所应持有的正确的态度：尊重员工，尊重人格。

随着经济的发展，人的自我意识不断提高，传统的"事本主义"越来越不适合公司的发展，它严重地束缚了人的主观能动性和积极性。而在公司中，以人为本，强调人的因素的"人本主义"越来越受到欢迎和应用。许多公司的管理人都是追求"人的哲学"。华姆·薄莱克的"人的哲学"可以为其他人借鉴。

1. 人就是人，不是"职员"。

2. 人不会憎恨工作。协助他们了解共同目标后，他们会自我鞭策追求卓越。

3. 人有自我实现的需求，在找到能满足这些需求的方法后，他们会全力以赴。

4. 人们唯有处在信任的气氛下，才能勇于面对风险；也只有风险才能带来成长、奖赏、自信。

的确，人是公司中的决定性因素。无论是管理人，还是员工，都是公司得以存在的前提。虽然天时地利都是公司发展中所应当具备的，但天时地利都不能由人来决定，且不由人来控制。只有人，才能主观能动地被运用。"人和"，是使公司集体智慧和功能发挥的前提。公司中的人，彼此之间相互联系，无论是管理人员之间、员工之间，还是管理者与员工之间，其联系程度的优与劣，深刻地影响着公司的发展。因此，作为公司的管理者，就应从中协调，使整个公司抱成一团，坚不可摧。只有公司内部具有良好的"和"的精神和人际关系，公司的发展才更具有稳定性和后劲。

团结，是公司发展的基础；"开诚布公"、"以人为本"是团结的前提；"天时不如地利，地利不如人和"，"人和"应是公司管理人追求利益的第一条件。

## ↘ 让部门每个成员都竖立自信

身为公司管理人，让部下尽心供职至关重要，要做到这一点，首先必须培养员工的自尊自强的团队精神。让员工学习分析方法，以及采取小集团活动的方式，养成在团队中能与人和谐相处的态度，认为自己是团队中重要的一分子，这也是管理人不可缺少的魅力。

在部门中，一个下属的悲观、自卑具有极强的感染力，甚至会影响到整个部门直不起腰。要让部门的每一个成员都挺直腰杆，就必须让他们自尊、自信。

只有自尊、自信，才能自强！

作为管理人要想使你的部门团结，必须先培养成员的自尊心。要为自己部门感到骄傲，你必须让他们觉得他们是同行中最好的一分子。这是说，假若你的部门是一群生产汽车零件的工人，那你要使每个人都感到他们是在生产世界上最好的汽车；假若你的单位是从事咨询顾问工作的，那么，你就应该让他们感觉自己是在世界上最好的顾问公司工作。不管你是在哪个行业，全都可以应用这项原则。必须让你单位的成员感到自己是在同类最好的单位中工作。

注意，如果你能说服团体成员相信他们是世界上最好的，在某种程度上，他们的确会成为最好的。这并没有想象中那么困难。要诀是将全力集中在某种要素上，使它成为同行中最好的。

有些事物是可以具体衡量的，诸如销售量、单位生产量、获奖及其他等。不过，要团体成员相信自己是最好的，并不一定要靠这些可具体衡量的事物。

很多团体都有自认为最好的各种理由，包括：最努力的工作者；常执行最艰苦的任务；工作时间最长；行动最快；最有礼节；做事最彻底；最具创意；生产量大。

你可以自开始就这样做，分配任务给那些知道会做得最好的人。等到他们的技术熟练，自信心培养起来以后，再分配较困难的工作给他们，让他们感到自己是在进步。

当然，你必须使每次任务都能成功的达成，保证每个人都能完成自己的任务，受到该得的肯定，并让整个团体都知道每次的胜利。

肯定可以用不同形式来表示。公开表扬发奖状，乃是其中方式之一，即使写得很短，用你亲笔所写的奖状和口头表扬，都是人们所最喜欢的。你可以鼓励制定团体座右铭、绰号、象征符号和口号。

最后，你可以用建立团体价值和特点来促进团结。你能找出和说出的价值和特点越多，团体成员也越愿意追随你这个胜利者和这个常胜团体。没有人愿意属于一个经常失败的团体。因此，假若你能以过去光荣的历史，证明出这个团体的价值和特点，你已经走上使团体坚强团结之路。

你所要做的是调查这个团体的过去，发掘出它光荣的事迹：你这个团体有什么优良的传统？在过去有什么伟大成就，而现在可以继续发扬光大？你所发现能发扬光大的事迹越多，凝聚力就越大。

请注意我们一再提到"发扬光大"。一旦你找到了团体这方面的传统和事迹，你就必须经常加以利用。你应该让团体每个成员都知道，他们所属的是个多伟大的团体。你应该将这些资料贴在公布栏上，放在公报上发表，在会中宣读。你应该利用各种技巧，让成员知道他们是属于一个最好的团体，让他们为自己的归属感到兴奋，使他们感到自己比其他任何人要好——他们是最好的。

但是，在这里要提出一项警告：有些管理人认为贬低大团体的声誉，就可以凸显自己这个小团体是最好的，这是个天大的错误，这样一来，不但你的上级会修理你，而且也破坏了你所想追求的团结。

没有人愿意追随一个失败的团体，哪怕它是输给自己下属的小团体。因此，千万不能这样做。即使是因为大团体行动错误而将情况弄糟，而你的团体在分内的事做得很好，也得争取成员对两者的同时支持；不要为支持其中一个而牺牲掉另外一个。

在另一方面，假若你团体的成员感觉到他们是在同类最好的团体里，你将建立一股比强力胶更坚固的黏合力量，那就是打不破的团结，而这会使你和你的团体受益无穷。

只有一个团结而自信的团体，才能在残酷激烈的市场竞争中屹立不倒！

## ↘ 抓住业务骨干的心

对管理人而言，抓住业务骨干的心，让他们为你效力是头等大事，或者说让他心甘情愿地为你效力。一名优秀的管理人会基于业务骨干的本位想法与行动替他们着想，然后给予回归。这样管理人才能赢得业务骨干为你效力。

何谓基于业务骨干本位的想法与行动呢？具体地说，仔细调查业务骨干对工作、部门及企业主管期待的事项，然后倾全力对那些期待产生回响。业务骨干是指就职于读者公司的人，所以大家都应该具有基本常识。由于能理解每个人的立场，所以不会出现不合理的期待。即使有，通常只要彼此互相沟通，就能了解那期待不合理的地方。如前所述，企业主管如能倾力回应业务骨干的各种期待，则彼此间自然会产生信赖感。没有人会因业务骨干实行自己所期待的行动而起反感的。对于能优先考虑自己的立场然后才采取行动的人，自然会产生好感，甚至还会升华成信赖。

或许读者会认为管理人似乎过于自我牺牲。但是，环顾尘世，这种以对方为本位的想法，才是成功的秘诀。例如，各公司销售的根本想法是"顾客至上"。亦即尽量提供顾客所需要的东西，以对方本位为主的想法。而以往的销售活动都是以"这是个好产品，所以应该能够畅销"的自我中心思想为主。两者相较之下，前者的销售成绩自然遥遥领先。QC循环周期活动认为"次要工程是顾客"，当发生品质不良或交货期限延误时，自然会给次要工程添麻烦。经由这样努力的结果，就能创造出汽车或彩色电视机等名冠世界高品质的产品。被誉为经营之神——松下电器产业的松下幸之助先生，也奉劝人们要有以对方本位为主的想法。他说："为了使销售成功，如何使顾客满意的想法更胜于一切。"

观看社会的百态，这种以对方为本位的想法，不单是对主管领导权的提高有所助益，对工作的进展、公司的发展等，也都是不容忽视的关键。

对于企业的业务骨干，主管应尊重支持他们，使他们能够发挥出自己的潜能。对个人的尊重，是永恒真理，企业是在这样的信念之上建立起来的。你敬他一尺，他敬你一丈，从而也拉近了主管和业务骨干的关系。

礼貌不分地位、身份、性别、年龄，是每个人都应该具备的。何况身为别人的上司，既要显得高人一等，更应在个人修养上下工夫。务使在各方面，均凌驾于下属之上。早晨与下属打招呼，一般上司只有"唔"的一声，或敷衍地把头微微转动，就算是做了反应。此举是极不尊重别人和自己的，连怎样适当地回应也不知道，从前在低位或在学校里所学到的礼貌全都搁置一旁。

业务骨干向你称早，要回应一声，无论任何时候，礼貌是不会因地位和职别不同，而有所改变的。如果你在指导业务骨干工作时，态度彬彬有礼，不像暴君式的指令，业务骨干工作起来会更乐意，而且效率会更高。

因此，管理人不能把自己整天关在办公室里，不同下属接近，对业务骨干总是一副冷冰冰的脸，业务骨干会认为你是一位高不可攀、不可接近的人，他们工作起来也就没劲了。作为主管的你不妨改变一下自己，对业务骨干热情一些，尊重他们，会产生你意想不到的效果。

## 强大的团队立于不败之地

增强团队精神是每位公司管理人必须做到的，只有强大的团队才能在市场的浪潮中立于不败之地。没有强大的团队，管理人的工作魅力怎能得到下属的认可呢？

形象地说，一个真正的团体就是一群志同道合的朋友。

有个管理人胸有成竹地说："就算你没收我的生财器具，霸占我的土地、厂房，只要留下我的伙伴，我将东山再起，建立起我的新王国。"

我们看过一些非凡的公司管理人，他们好像有天生独特的再生能力、魔力，可以在很短的时间内，扭转乾坤，将一群柔弱的羔羊训练成一支如雄狮猛虎般的管理团队，所向披靡。

此外，我们还会发现另一个十分可贵的事实：每位成功的公司管理人几乎都拥有一支完美的管理团队。

这些成功的公司管理人所率领的团队，无论是他的成员、组织气氛、工作默契和所发挥的生产力，和一般性的团队比起来，总是有相当大的不同地方，他们常表现出以下主要特征：

1. 目标明确

成功的管理人往往主张以成果为导向的团队合作，目标在于获得非凡的成就；他们对于自己和群体的目标，永远十分清楚，并且深知在描绘目标和远景的过程中，让每位伙伴共同参与的重要性。因此，好的管理人会向他的追随者指出明确的方向，他经常和他的成员一起确立团队的目标，并竭尽所能设法使每个人都清楚了解、认同，进而获得他们的承诺、坚持和献身于共同目标之上。

因为，当团队的目标和远景并非由管理人一个人决定，而是由组织内的成员共同合作产生时，就可以使所有的成员有"所有权"的感觉，大家打从心里认定：这是"我们的"目标和远景。

2. 各负其责

成功团队的每一位伙伴都清晰地了解个人所扮演的角色是什么，并知道个人的行动对目标的达成会产生什么样的贡献。他们不会刻意逃避责任，不会推诿分内之事，知道在团体中该做些什么。

大家在分工共事之际，非常容易建立起彼此的期待和依赖。大伙儿觉得唇舌相依，生死与共，团队的成败荣辱，"我"占着非常重要的分量。

同时，彼此间也都知道别人对他的要求，并且避免发生角色冲突或重叠的现象。

3. 强烈参与

现在有数不清的组织风行"参与管理"。管理人真的希望做事有成效，就会倾向参与或领导，他们相信这种做法能够确实满足"有参与就受到尊重"的人性心理。

成功团队的成员身上总是散发出挡不住的参与热情，他们相当积极、相当主动，一逮到机会就参与。

通过参与的成员永远会支持他们参与的事务，这时候团队所汇总出来的力量绝对是无法想象的。

4. 相互倾听

正是如此，在好的团队里，某位成员讲话时，其他成员都会真诚地倾听他所说的每一句话。

有位负责人说："我努力塑造成员们相互尊重、倾听其他伙伴表达意见的文化，在我的单位里，我拥有一群心胸开放的伙伴，他们都真心愿意知道其他伙伴的想法。他们展现出其他单位无法相提并论的倾听风度和技巧，真是令人兴奋不已！"

5. 死心塌地

真心地相互依赖、支持是团队合作的温床。某学者曾花了好几年的时间深入研究参与组织，他发现参与式组织的一项特质：管理阶层信任员工，员工也相信管理者，信心和信任在组织上下到处可见。几乎所有的获胜团队，都全力研究如何培养上下平行间的信任感，并使组织保持旺盛的士气。它们常常表现出四种独特的行为特质：

①管理人常向他的伙伴灌输强烈的使命感及共有的价值观，并且不断强化同舟共济，相互扶持的观念。

②鼓励遵守承诺，信用第一。

③依赖伙伴，并把伙伴的培养与激励视为最优先的事。

④鼓励包容异己，因为获胜要靠大家协调、相补、合作。

6. 畅所欲言

好的管理人，经常率先信赖自己的伙伴，并支持他们全力以赴，当然他还必须以身作则，在言行之间表示出信赖感，这样才能引发成员间相互信赖、真诚相待。

成功团队的管理人会提供给所有成员双向沟通的舞台。每个人都可以自由自在、公开、诚实地表达自己的观点，不论这个观点看起来多么离谱。因为，他们知道许多伟大的观点，在第一次被提出时几乎都被冷嘲热讽的。当然，每个人也可以无拘无束地表达个人的感受，不管是喜怒还是哀乐。

一个高成效的团队成员都能了解并感谢彼此都能够"做真正的自己"。

总之，群策群力，有赖大伙儿保持一种真诚的双向沟通，这样才能使组织表现力臻于完美。

7. 团结互助

在好团队里，我们经常看到下属们可以自由自在地与上司讨论工作上的问题，并请求："我目前有这种困难，你能帮我吗?"

再者，大家意见不一致，甚至立场对峙时，都愿意采取开放的心胸，心平气和地谋求解决方案，纵然结果不能令人满意，大家还是能自我调适，满足组织的需求。

当然，每位成员都会视需要自愿调整角色，执行不同的任务。

8. 互相认同

"我觉得受到别人的赞赏和支持"是高成效团队的主要特征之一，团队里的成员对于参与团队的活动感到兴奋不已，因为，每个人会在各种场合里不断听到这话：

"我认为你一定可以做到！"

"我要谢谢你！你做得很好！"

"你是我们的灵魂！不能没有你！"

"你是最好的！你是最棒的！"

这些赞美、认同的话提供了大家所需要的强心剂，提高了大家的自尊、自信，并驱使大家愿意携手同心。

上面列举的 8 种特征，在你所带领的团队里有没有明显的迹象呢？请自己找个清静的场所，给自己 10 分钟的时间好好省思一番。这有助于你建立一支有效率的管理团队，也就是俗话说的"死党"。

许多公司的管理人大声疾呼："我们愈来愈迫切需要更多、更有效的团队，来提高我们的士气。"身为组织管理人的你，你可得把建立阵容坚强的团队这件事列为第一优先处理的要务，千万不要再忽视或拖延下去了。

创建一支有效团队，对管理人可说是百益而无一害的，如果你努力做到的话，你将可以获得以下莫大无比的好处：

1. "人多好办事"，团队整体动力可以达成个人无法独立完成的大事。

2. 可以使每位伙伴的技能发挥到极限。

3. 成员有参与感，会自发性地努力去做。

4. 促使团队成员的行为达到团队所要求的标准。

5. 提供追随者有更足够的发展、学习和尝试的空间。

6. 刺激个人更有创意，更好地表现。

7. 三个臭皮匠，胜过一个诸葛亮，能有效解决重大问题。

8. 让冲突所带来的损害减至最低。

9. 设定明确、可行、有共识的个人和团体目标。

10. 管理人与继承人纵使个性不同，也能互相合作和支持。

团队成员遇到困难、挫折时，会互相支持、协助。

请务必牢记在心：一支令人钦羡的团队，往往也是一支常胜军。他们不断打胜仗，不断破纪录，不断改造历史，创造未来。而作为伟大团队的一分子，每个人都会骄傲地告诉周围的人说："我喜欢这个团队！我觉得自己活得意义非凡，我永远不会忘记那些大伙儿心手相连，共创未来的经验。"

通过在团队里学习、成长，每位伙伴都会不知不觉重塑自我，重新认知每个人跟群体的关系，在工作和生活上得到真正的欢愉和满足，活出生命的意义。一个真正的团队能让你如虎添翼、临危不乱、所向披靡！

# ↘ 处理好公司的"关系链"

公司管理人大权在握，自不必说，如果能够抓一得二，那才是高手。当然其中理由，就是要从中学会抓巧、抓妙，一抓一串的技巧。

上下级之间是一种相互依赖、相互制约的关系。这种关系处于良好的状态中，上下级的需要就得到满足。

一般来说，上级需要下级对本职工作尽职尽责勤奋努力，圆满地、创造性地完成任务。而下级则希望上级对自己在工作上加以重用，在成就上给予认可，在待遇上合理分配，在生活上给予关心。

对下级伤害最大的往往是，当下级工作取得成绩时受表扬的是上级，当上级工作发生失误时，挨骂的是下级，造成下级心理失衡。

因此，管理人要善于发现和研究哪些是下级关注的中心，并抓住这些中心问题，最大限度地满足下级最迫切的需要，从而调动下级的积极性。

管理人在与下级关系的处理上，要一视同仁，同等对待，不分彼此，不分亲疏。不能因外界或个人情绪的影响，表现得时冷时热。

当然，有的管理人本意并无厚此薄彼之意，但在实际工作中，难免愿意接触与自己爱好相似，脾气相近的下级，无形中冷落了另一部分下级。

因此，管理人要适当地调整情绪，增加与自己性格爱好不同的下级的交往，尤其对那些曾反对过自己且反对错了的下级，更需要经常交流感情，防止有可能造成不必要的误会和隔阂。

有的管理人对工作能力强、得心应手的下级，亲密度能够一如既往。而对工作能力较弱，或话不投机的下级，亲密度不能持久甚至冷眼相看，这样关系就会逐渐疏远。

有一种倾向值得注意：有的管理人把同下级建立亲密无间的感情和迁就照顾错误地等同起来。对下级的一些不合理，甚至无理要求也一味迁就，以感情代替原则，把纯洁的同事之间的感情庸俗化。这样做，从长远和实质上看是把下级引入了一个误区。

而且，用放弃原则来维持同下级的感情，虽然一时起点作用，但时间一长，"感情大厦"难免会土崩瓦解。

管理人在交往中要廉洁奉公，要善于摆脱"馈赠"的绳索。无功受禄，往往容易上当，掉进别人设下的圈套，从而受制于人。

有功于人，也不要以功臣自居，否则施恩图报，投桃报李，你来我往，自然被"裙带"所缠住，也会受制于人。

馈赠是一种加强联系的方式，但在领导活动中往往诱使管理人误入歧途。有些馈赠的背后隐藏着更大的获取动机，特别是在有利害冲突的交往中，随便接受馈赠，等于授人以柄，让别人牵着鼻子走。

管理人在交往中，要注意自己身边人员的状况，从实际情况来看，管理人的行为在很大程度上受制于其贴近的人，这些人对于领导活动既有积极作用又有消极作用。平时，管理人在一些事情上是依靠他们实现领导的，而他们又转靠"别人"的帮助来完成管理人的委托，于是就出现了"逆向"的情况。管理人周围的人可直接影响领导行为，而"别人"又可左右这些人的行为，这里存在着一条"熟人链"。

显然，这些人不仅向管理人表达自身的需要，而且还要为"别人"办事，这自然增加了制约因素。

以上的原理告诉我们，管理人应该注意身边人的制约，不仅要调整好与他们的关系，而且还要改变他们中的人员结构，提高他们的素质，避免给工作增加阻力和困难。

一项重大决策在提交领导层讨论时，往往会产生意见分歧。对此，公司管理人要有充分的思想准备，做好各个阶段、各个方面的工作，统一大家的思想认识。

要做到这些，下面几条可供考虑：

1. 事先搞好预测。"凡事预则立，不预则废"。管理人要充分估计形势，分析可能出现的情况，做好预测，而且要有预测方案，做到心中有数。

2. 要搞好会前沟通。会前要和其他成员谈话，通报情况，征求意见，可能的话做相应的调整。

3. 搞好会上引导。当出现不同意见时，及时说明，搞好协调，防止出现僵持局面。

4. 要做好会后的工作。对仍坚持不同意见的员工，不能以多数票一过了之，还要做好善后工作，允许别人有保留，允许别人有个再认识的时间。

# 团队管理的各种经验

当今的商业环境，要求越来越多的公司管理人采用团队工作的方式，但仅仅拥有团队的概念或者建立了团队，并不能保证组织在新环境中获得成功，关键仍然在于如何去运作与管理团队，以期最大限度地发挥这一模式的最大潜在效率。

1. 团队及其管理人

团队的管理人在团队内工作以确保团队工作具有清晰、明确的方向，然而团队的经理不参与团队的具体工作，他通过为团队提供资源和确立目标方便团队的工作。管理人和经理分别承担领导某些方面任务的角色。

管理人信念可能会导致自我实现的预言，它能影响雇员的表现。管理人理论包括个性理论、情境理论、归属方法、偶发模式、交易理论和转型方式。另外，组织内不同类型的权力大致可划分为从个人在组织地位中获得的权力和从个人品质中获得的权力。必须理解权力是怎样在组织中发挥作用的，这一点对成功的团队管理很有用处，因为在团队工作中，权力下放是如此重要的一个概念，它需要一套管理哲学。日常的工作决定最好由那些正在做这项工作的人来做出。

关于团队管理人应该是什么样的这一问题，一直有许多争论，但是大家一致认为，尽管团队在很大程度上可以自己从事工作，但团队需要管理人给他们以指导，使他们不致偏离工作目标。团队管理人工作的主要原则包括确立明确的目标，树立信心，遵守承诺，学会技能，处理外部关系，为团队成员创造机会，做真正的工作等。他们利用社会认同这一基本心理机制，通过增强团队成员的凝聚力，树立职业意识，开拓工作能力，使人们认同自己的团队并为属于这个团队而感到自豪。

2. 评估团队表现

团队评估的心理测试方法包括贝尔宾团队角色自我鉴定调查表、16 项个人因素和 OPQ 评分系统，然而有人认为，团队角色评估对团队功能不能考虑得太细致。团队风气调查表将团队置于组织环境中，观察组织革新和团队工作的关系时涉及了 4 个方面的内容：不冒风险进行参与、对革新的支持、远见和任务定位。通过对比，卡特森伯奇和史密斯提出用主题和身份、热情和精力、团队共同历史以及个人承诺和行为结果来判定团队在团队表现曲线上的位置。

对群体决策制定的认知方面的心理研究表明，有两个重要的心理机制起了反面作用，它们扭曲了团队决策的本质。其中之一是群体极化，也就是说群体做决策时比这些群体成员独立做决策时更容易有走极端的倾向。第二种是群体思维，即具有高度凝聚力的群体有以自我为中心，与现实脱节的倾向，这使得群体做出不切实际，有时是灾难性的决策。只有培养提出不同意见的环境才可能避免群体思维现象。有些团队通过培养包括积极的思维方式和受团队成员的自我功效影响的团队思维方式排除群体思维的影响。

消极社会迁移现象是破坏团队表现的另一过程，要保证个体的努力始终得到承认，从而减少消极社会迁移现象，因此，不承认个人对团队的贡献的奖励制度会产生相反的效果。同时，对团队整体进行表彰和奖励会提高团队成员的社会认同感。对以团队为整体进行的表彰和以个体为单位的奖赏的研究表明，在鼓励团体成员为团队作出积极贡献时，与奖赏相比，制裁（无论是针对团队整体还是针对个体）的效果差得多。

3. 组织中的团队

研究表明，团队与其组织的交往方式与团队能否获得成功的关系很大。交往可以以许多种不同的方式进行，并不仅限于由团队领导出面，同时组织对团队工作的支持也是非常重要的。支持团队工作的组织常有一种相对"平直"的结构，和对雇员充满信任和信心的文化——在等级森严的组织中，很难把权力下放给团队中的队员。

组织文化理论包括模式方法、符号学方法、把文化作为基本的共同信念的系统分析法。目前流行的模式是分层的，其中包括由符号和其他标志构成的表面层次、具有明显特征的实践这一战略层次和由信念、构想构成的核心层次。把组织文化看做是工作群体、团队、部门之间联系的网络，并认为上述每个部分都或多或少地分享着组织的文化观点或许也是有用的，这一方式强调了社会工作群体在维护组织文化中的重要作用。

必须仔细处理团队之间的竞争，以确保这种竞争只是为了获得工作成绩而进行的竞赛，而不是对组织资源的竞争。前一种竞争可以促进积极的、友好的竞赛，而后一种竞争则会使人们玩弄政治手腕，并引起群体之间的敌视。团队可以成为组织变革中的一种重要力量，部分原因在于，他们自己的工作方式和价值观念可以为变革确定正确的方向，部分原因在于他们与整个组织相互作用、相互影响。但是如果要使团队能够采取有效的行动，那么他也需要得到组织的支持，包括提供明确的目标、恰当的资源、可靠的信息、培训和教育、定期反馈、技术或方法上的支持。

4. 团队、组织与革新

团队可以成为组织革新中的强有力的力量，促使团队形成这种力量的因素，包括远见、不冒风险的参与、追求卓越的风气，以及组织对革新的支持，即使团队仅仅是构成一个组织的极小的一部分，但是，心理研究表明，只要团队能够坚持一贯性，并且拥有自主权，那么少数派也可以施加极其重大的影响，但是团队如果要成为组织内具有创新精神的力量，那么它必须具备明确的目标、有效的交流、灵活性、持久性和忠心耿耿的参与。

组织中确定存在着对团队的反对，这种阻力来源于 3 种原因：没有成功地理解"团队"的概念；不愿意与别人分担职责的个人心理；不愿意实施组织变革。哈克曼指出，在组织向团队工作方式转变的过程中，会出现许多容易犯的错误或者说"羁绊"，它们会阻碍这一转变。这些错误包括组织坚持以个人而不是以团队为基础与团队进行交往，组织对团队施加的影响太多或太少等多种。

团队取得成功的基本因素可以概括为具备责任感、承诺和忠诚，团队需要对组织负责，需要有机会采取有效的行动，需要忠于自己正在从事的工作，但是团队的工作也会受到许多因素的阻碍，如缺乏自主权，团队的规模过大，团队缺乏支持、忠诚或资源，缺乏竞争性的评估机制以及组织没有能够提供反馈或承认等。

5. 团队管理的三条原则

团队管理是十分复杂的，但却并非杂乱无章。人与人是各不相同的，每个组织也是不相同的，因此，每位研究人员从自己独特的经验中得到的结论也不同，这就导致了团队管理的复杂性。但是如果我们仔细地察看所有的细节，我们就可以发现，有几个团队管理的原则总是不可回避的。

这里一共有三条原则，第一条原则即社会认同。存在于人类本身的这一基本倾向——我们把世界划分成"他们与我们"群体的需要——不一定是具有破坏性的，它可以成为一种积极的力量，当然条件是团队的管理人员和领导能够认识到社会认同发挥作用的方式，并且能够保证确立起三种根本需求：明确的界限，能够形成凝聚力的有效交流，以及——也是最重要的一点——为团队成员创造机会以便使他们为属于自己的团队而自豪，并且认为自己是特殊的。

第二条原则是共同的信念。社会表现这种心理认知可以说是千差万别，但重要的是理解团队建设的不同模式和方法；有关领导问题和权力的不同观点，以及这些观点对团队工作实践的影响；群体思维和团队思维的表现形式，以及我们理解组织文化的方式。认识到社会表现在不同组织、不同机构、不同部门，甚至是不同团队之间——各不相同，就可以帮助我们理解，是什么决定了团队领导鼓励团队以积极的方式完成自己的任务。

然而，决定团队管理成功的最重要原则或许是尊重。

# 第六章 回归本职责任：
## 树立员工的责任与荣誉感

　　责任与荣誉并非大而无当的空话，而是每一个员工都必须认真思考的、事关切身利益的大问题。试想，没有责任，怎能为工作而尽心？没有荣誉，怎能向上进取？以这两点为突破口，管理者就能把管理理念真正落实到员工的心上，让他们去努力获得工作的"金牌"！

## ↘ 管理归零是一种管理机制

"管理归零"作为一种管理机制，主要是强调在管理过程中不使用"蛮力"强为、硬为，而是使用"巧"力，找到解决问题的"高杠杆解"。

作为一种机制来理解"管理归零"，这与道家、儒家、墨家等治理之道都是一致的。他们主张"无为而治"，是我国先贤共同追求的理想。

孔子说："无为而治者，其舜也与！夫何为哉？恭己，正南面而已矣！"天子应该无为于上，以期贤相有为于下。依孔子的观点，管理既为"修己安人的历程"，管理者所需要努力的，即在"修身以正人"。他认为"君子之德风，小人之德草。草上之风必偃。"肯定"上好礼，则民莫敢不敬，上好义，则民莫敢不服；上好信，则民莫不敢不用情。"管理者只要以身作则，以道诲人，便可以"无为而治"。

老子居于自然之道，把归根复命的原理应用到管理上，主张"为无为则无不治"。他认为"贤明的管理者是不发号施令的；发号施令的管理者似乎并不贤明"，宣导管理者以"无为"的态度来处理事务，实行"不言"的教导。因为贤明的管理，旨在净化同人的心思，满足同人的安饱，减损同人的心志，增强同人的体魄。常使同人没有伪诈的心智，没有争盗的欲念，使那些自作聪明的人不敢妄为。用这种"无为"的态度来管理，相信任何机构没有不上轨道的。

庄子"只听过世人希望安然自在，没有听说过要管制天下"。他

认为"管理者最好依据自得的德，来成全于自然。就像远古的君主
治理天下那般，出于无为，一切顺其自然"。因为"即使用尽天下的
力量，也不足以奖赏善举；即使用尽天下的力量，也不足以惩罚罪
恶。天下之大，既然不足以处理奖赏惩罚，而三代以后，却喧嚣着
要以奖赏惩罚为能事，当然弄得没有空闲来安定性命之情"。管理者
如果"有为"，便不能为治；所以"莫若无为"，是使大家安定性命
的真情。

"无为而治"也是墨家和名家的理想目标，墨子主张兼爱非攻，
名家宣导循名责实，都是达到"无为"目标的"有为"手段。

在当代管理科学中，这种"无为"思想也一直是一条若隐若现的
发展线索，虽然不是主流，但绝对也算得上是可行的管理机制。

# ↘ 让员工看重荣誉

每一个企业都应该对自己的员工进行荣誉感的教育，每一个员工
都应该唤起对自己的岗位和公司的荣誉感。如果一个员工对自己的工
作有足够的荣誉感，对自己的工作引以为荣，对自己的公司引以为荣，
他必定会焕发出无比的工作热情。在争取荣誉、创造荣誉、捍卫荣誉、
保持荣誉的过程中，我们个人也不知不觉地融入到了集体之中，获得
了更好的发展。

在西点军校的教育中，荣誉教育始终处于优先的地位。西点军校
将荣誉看得至高无上。在西点，要求每一位学员必须熟记所有的军阶、
徽章、肩章、奖章的样式和区别，记住它们所代表的意义和奖励，同
时还必须记住皮革等军用物资的定义、西点会议厅有多少盏灯，甚至

校园蓄水池的蓄水量有多少升等诸如此类的内容。这样的训练和要求，会在无形中培养学员的荣誉感。这值得企业所借鉴，因为一个优秀的员工是不能不对自己的工作、对自己所效力的企业有一个全面清楚的了解的。

如果一个员工没有荣誉感，即使有千万种规章制度或要求，他可能也不会把自己的工作做到完美，他可能会对某些要求不理解，或认为是多余而觉得厌倦、麻烦。

成绩可以创造荣誉，荣誉可以让你获得更大的成绩。一个没有荣誉感的员工，能成为一个积极进取、自动自发的员工吗？如果不能认识到荣誉的重要性，不能认识到荣誉对你自己、对你的工作、对你的公司意味着什么，又怎么能指望这样的员工去争取荣誉、创造荣誉呢？

事实上，只要我们尽职尽责，努力工作，工作同样会赋予我们以荣誉。我们工作的目的绝不仅仅是为了每月有一份不错的薪水，或者是为了有一份可以谋生的职业，我们还追求一种认同感、归宿感和成就感，而这一切都建立在荣誉感的基础之上。只有这种荣誉，才能让我们对待工作全力以赴，才能让我们自觉地远离任何借口，远离一切有损于公司和工作的行为。在争取荣誉、创造荣誉、捍卫荣誉、保持荣誉的过程中，我们个人也不知不觉地融入到了集体之中，获得了更好的发展。

# ↘ 没有责任感的管理者不是合格的管理者

没有责任感的管理者不是合格的管理者，没有责任感的员工不是优秀的员工。责任感是简单而无价的。工作就意味着责任，责任意识会让我们表现得更加卓越。西点学员章程规定：每个学员无论在什么时候，无论在什么地方，无论穿军装与否，也无论是在担任警卫、值勤等公务还是在进行自己的私人活动，都有义务、有责任履行自己的职责和义务。这种履行必须是发自内心的责任感，而不是为了获得奖赏或别的什么。

西点认为，一个人要成为一个好军人，就必须遵守纪律，有自尊心，对于他的部队和国家感到自豪，对于他的同志们和上级有高度的责任义务感，对于自己表现出的能力有自信。同样，这样的要求，对每一个企业的员工同样适用。要将责任根植于内心，让它成为我们脑海中一种强烈的意识，在日常行为和工作中，这种责任意识会让我们表现得更加卓越。我们经常可以见到这样的员工，他们在谈到自己的公司时，使用的代名词通常都是"他们"而不是"我们"，"他们业务部怎么怎么样"，"他们财务部怎么怎么样"，这是一种缺乏责任感的典型表现，这样的员工至少没有一种"我们就是整个机构"的认同感。

责任感是不容易获得的，原因就在于它是由许多小事构成的。但是最基本的是做事成熟，无论多小的事，都能够比以往任何人做得都好。比如说，该到上班时间了，可外面阴冷下着雨，而被窝里又那么舒服，你还未清醒的责任感让你在床上多躺了两分钟，你一定会问自己，你尽到职责了吗？还没有……除非你的责任感真的没有发芽，你才会欺骗自己。

对自己的慈悲就是对责任的侵害，必须去战胜它。责任感是简单而无价的。据说美国前总统杜鲁门的桌子上摆着一个牌子，上面写着：Book of stop here（问题到此为止）。他桌子上是否有这样一个牌子，我不能去求证，但这里想告诉大家的是，这就是责任。如果在工作中，对待每一件事都是"Book of stop here"，敢说，这样的公司将让所有人为之震惊，这样的员工将赢得足够的尊敬和荣誉。

有一个替人割草打工的男孩打电话给布朗太太说："您需不需要割草？"布朗太太回答说："不需要了，我已有了割草工。"男孩又说："我会帮您拔掉草丛中的杂草。"布朗太太回答："我的割草工已做了。"男孩又说："我会帮您把草与走道的四周割齐。"布朗太太说："我请的那人也已做了，谢谢你，我不需要新的割草工人。"男孩便挂了电话。此时男孩的室友问他说："你不是就在布朗太太那儿割草打工吗？为什么还要打这个电话？"男孩说："我只是想知道我究竟做得好不好！"

多问自己"我做得如何"，这就是责任。还有一个美国作家的例子。有一次，一个小伙子向一位作家自荐，想做他的抄写员。小伙子看起来对抄写工作是完全胜任的。条件谈妥之后，他就让那个小伙子坐下来开始工作，但是小伙子却朝外边看了看教堂上的钟，然后心急火燎地对他说："我现在不能待在这里，我要去吃饭。"于是作家说："噢，你必须去吃饭，你必须去！你就一直为了今天你等着去吃的那顿饭祈祷吧，我们两个永远都不可能在一起工作了。"作家说那个小伙子曾对他说过，自己因为得不到雇佣而感到特别沮丧，但是当他有了一点点起色的时候却只想着提前去吃饭，而把自己说过的话和应承担的责任忘得一干二净。

工作就意味着责任。在这个世界上，没有不须承担责任的工作，相反，你的职位越高、权力越大，你肩负的责任就越重。不要害怕承担责任，要立下决心，你一定可以承担任何正常职业生涯中的责任，你一定可以比前人完成得更出色。世界上最愚蠢的事情就是推卸眼前的责任，认为等到以后准备好了、条件成熟了再去承担才好。在需要你承担重大责任的时候，马上就去承担它，这就是最好的准备。如果不习惯这样去做，即使等到条件成熟了以后，你也不可能承担起重大的责任，你也不可能做好任何重要的事情。每个人都肩负着责任，对工作、对家庭、对亲人、对朋友，我们都有一定的责任，正因为存在这样或那样的责任，才能对自己的行为有所约束。寻找借口就是将应该承担的责任转嫁给社会或他人。而一旦我们有了寻找借口的习惯，那么我们的责任之心也将随着借口烟消云散。没有什么不可能的事情，只要我们不把借口放在我们的面前，就能够做好一切，就能完全地尽职尽责。

借口让我们忘却责任。事实上，人通常比自己认定得更好。当他改变自己心意的时候，并不需要去增进他所拥有的技能。他只需要把已有的技能与天赋运用出来就行。这样，他才能够不断地树立起责任心，把借口抛弃掉。千万不要自以为是而忘记了自己的责任。对于这种人，巴顿将军的名言是："自以为了不起的人一文不值。遇到这种军官，我会马上调换他的职务。每个人都必须心甘情愿为完成任务而献身。""一个人一旦自以为了不起，就会想着远离前线作战。这种人是地道的胆小鬼。"巴顿想强调的是，在作战中每个人都应付出，要到最需要你的地方去，做你必须做的事，而不能忘记自己的责任。千万不要利用自己的功绩或手中的权力来掩饰错误，从而忘却自己应承担的责任。人们习惯于为自己的过失寻找种种借口，以为这样就可以逃脱惩罚。正确的做法是，承认它们，解释它们，并为它们道歉。最重要的是利用它们，要让人们看到你如何承担责任和如何从错误中汲取教训。这不仅仅是一种对待工作的态度，这样的员工也会被每一个主管所欣赏。

负责任、尽义务是成熟的标志。几乎每个人做错了事都会寻找借口。对于责任，谁也不想主动去承担，面对获益颇丰的好事，邀功领赏者不乏其人。负责任的人是成熟的人，他们对自己的言行负责，他们把握自己的行为，做自我的主宰。每一个成熟的企业，都应该教育自己的员工增强责任感，就像培养他们其他优良品质一样。

# ↘ 充分调动员工的积极性

管理者正视了员工在企业中的重要作用之后，就会突破那种把人当做企业的赚钱工具的观念，从而更好地发现人，将员工看做是企业的合作伙伴。毋庸置疑，合作伙伴的利益与企业的利益自然是一致的。当管理者致力于和员工建立良好的合作伙伴关系时，员工就成为了企业重要的、不可或缺的人。企业不会轻易解雇员工，而且会创造出最适合员工发展的工作环境，管理者会重视员工，关心员工的利益，满足员工多方面的需要，从而使员工感受到尊重，并充分调动员工的积极性和创造性。

反过来，员工感受到自己被当做企业的一个合作伙伴来对待，就会产生归属感和集体荣誉感，也会负起自己作为一个"合作伙伴"的责任来，积极主动去工作，为企业的发展献计献策，工作效率也会提高，从而为企业创造更大的价值。

可见，和谐管理能够在员工和管理者之间建立良好的合作伙伴关系，使企业和员工成为一个利益共同体，从而实现企业和员工双赢的目的。

麦肯锡曾对数千名经理人做过一个调查，想了解这些企业精英们的离职原因。结果发现，这些人离职的前三大原因是：工作和成绩得不到公司充分的认同和肯定；在公司里得不到充分的沟通和信任；在公司里或所在的岗位上没有发展的机会。可见，人的需求并不仅仅体现在物质方面，管理者仅仅把人当做一个追求物质财富、分享企业利润的"经济人"的这种观点是片面的。当人们满足了基本的物质需要之后，就会有被尊重的需要和实现自我价值的需要。而管理者一旦把员工看做是合作伙伴，就会将人作为企业中的第一位因素来对待，将人的主观能动性发挥到最大。

这一点在福特汽车的兴与衰上体现得十分明显。

亨利·福特是美国汽车业的一面旗帜，可以说，福特改变了美国人民的生活方式，他被誉为"20世纪最伟大的企业家"。但福特在管理上的独断专行和他与员工之间的对立状态，却使得他的企业惨遭"滑铁卢"。

在福特的观念里，员工无异于商品，对于不服从命令的员工可以随时扔掉，反正只要出钱随时能够再"买进"新的员工。从1889年开始，福特曾经两次尝试创办汽车公司，但最终都因为管理不善而失败。1903年，福特与其他人合作创办了美国福特汽车公司，后来，他聘请了管理专家詹姆斯·库茨恩斯出任经理。在詹姆斯的非凡管理下，1908年，独霸天下的福特T型车诞生了。随后，T型车极其迅速地占领了汽车市场，而福特汽车公司也一举登上了世界汽车行业第一霸主的宝座。

成功和荣誉让福特变得更加独断专行，他认为自己的所有员工都只是花钱雇来的，所以员工必须绝对服从自己，否则就只能离开。直到20世纪20年代，福特公司在长达19年的时间里，只向市场提供单一型号、单一色彩的T型车。他的销售人员多次提出增加汽车的外观色彩，但福特的回答是："顾客要什么颜色都可以，只要它是黑色的。"因为不愿改动自己的汽车设计去适应市场需求,福特公司就这样停止了前进的脚步。因为福特听不进不同的意见,员工纷纷离职,最后连库茨恩斯也只得另觅他处。在1928年,福特公司的市场占有率被它的对手通用汽车公司超越。亨利·福特为他的独断专行付出了巨大的代价。

在亨利·福特晚年时,福特汽车公司已经风雨飘摇。他的孙子从祖父的手里接过了掌管公司的任务。为了挽救这个摇摇欲坠的公司,福特二世聘用了一大批杰出的管理人才,如原通用汽车公司副总经理内斯特·布里奇、后来担任过美国国防部长的麦克纳马拉等。福特公司在这些人的大力改革下重新焕发了生机。"福特王国"又一次迎来了它的事业顶峰。

但是,福特家族固执的血液又一次发作,福特二世继承了老福特的独断专行,他开始嫉贤妒能,为福特的再次辉煌立下功劳的布里奇、麦克纳马拉等人纷纷离开公司。福特二世还接连解雇了三位和他意见不合、功勋卓著的总经理。失去了人才的福特公司再次开始败落,最后只得把整个公司的经营权转让给了福特家族以外的人。

如果员工只是被当做商品,当做用工资雇来的打工者,那他们自然没有义务和公司同发展共命运。当员工不被尊重的时候,他们自然没有积极性,企业也不会取得好的发展。在独断专行的企业环境中,员工更倾向于消极抵抗,甚至是掉头而去,而不是努力去执行管理者的命令。

与员工建立良好的合作伙伴关系的企业则不同,在这样的企业里,员工得到了极大的尊重,他们的工作积极性也充分地发挥了出来,从而为企业创造出更大的价值。

在惠普,对人的重视是公司管理中最重要的一个方面。惠普采用了开放式的管理。在惠普成立的18年间,公司没有设立专门的人事部门,以便管理者和员工之间保持高度的接近和联系。直到1957年,惠普成立了人事管理处，但是惠普的创建者比尔·休利特为它慎重地确定了角色和职能——它是只用来支援管理工作，而不是替代。

在惠普没有一间办公室是装有门的，包括首席执行官在内。在公司里，所有的人都以名字相称，而不是称呼头衔。公司鼓励员工用最简单和直接的方式进行沟通交流。员工在遇到任何问题时，都可以找到管理者进行沟通交流。公司的实验室备品库是不上锁的，工程师不仅可以在工作中随意使用这些备品，甚至可以把它们拿到家里去供个人使用，这样的充分信任使得公司成为大家共同的家。

1976年，惠普在波布林根工厂实行了弹性工作制，现在这样的工作方法已经在惠普的大部分工作岗位上广泛使用。公司里没有时间表，不进行考勤。惠普人事政策的主要原则是利益分享。员工和管理者一起分担制定和达到目标的责任，通过股票购买计划分享公司所有权，分享利润，分享个人与专业发展的机会，甚至分担因营业额下降所引起的麻烦。

在这样的管理方式下，企业对员工充分信任，和员工以合作伙伴的关系共同发展，所以，员工也以同样的信任回报了企业，和企业同甘共苦。在利益一致的基础上，企业和员工的利益都在同步提高，从而达到了双赢的目的。

## ↘ 让员工把满意转化为业绩

管理者靠讨好员工取得的可能是员工的满意，但并不是企业整体的和谐发展。因为员工可以感到满意，但不一定能够把满意度转化为更出色的工作表现，或者创造更好的工作业绩。一个管理者如果只是使自己的员工感到满意，而不能够让员工把满意转化为对企业有利的工作业绩，这个管理者无疑是失败的。

一位企业家经过长期的调查发现，一个满意的员工并不是一个高效的员工，甚至有可能成为企业发展中的障碍。他会为了维持他的满意而阻碍公司必需的改革。只有一个敬业的员工才会为企业的发展贡献出极大的力量。敬业的员工每天的工作并不仅仅是为了赚钱，他还希望借由工作成长，期待从工作中得到肯定，甚至盼望通过工作实现自我、发挥影响力。而这些，都是不能用金钱来衡量、来满足的。

但是讨好员工的管理者只能提升员工的满意度，一味地加薪、放假，对于提高员工的工作效率帮助甚小，也不能满足员工更高层次的需要。所以，管理者除了要考虑员工的薪金、福利之外，还要考虑工作的内容，员工的发展机会，企业文化，甚至人际关系等因素，这些因素才能在最大限度上调动员工的敬业精神，从而激励员工创造出更大的价值。因为，这些因素充分体现了公司对人的尊重。

在那些致力于提高员工敬业度的企业里，管理者和员工之间才可以称为是真正的和谐关系。在这样的企业里，管理者每天都亲临第一线。但他们并不是来监督工作的，而是希望了解员工的真实感受，并确认工作中是否存在一些棘手问题。他们平易近人并关心员工切身利益，即使有些员工被裁员，也同样会对管理者的做法给予肯定，而不是感觉到受骗或不公正。

摩托罗拉就是一家充分尊重员工的公司。它实行了有情的裁员制度，将裁员变成一个协商过程，尽可能对员工做到尽心的照顾，直至员工找到下一份工作。他们裁员的步骤是：首先将员工召集起来，告诉大家需要裁员几个人，每个部门有几个人离职，让所有员工清楚整个过程。人力资源部门会和员工进行单独沟通，向员工说明工作交接、职位削减的原因，并推荐员工到公司的其他部门去。公司还会为员工举办一些培训，指导被裁员的员工去寻找新的工作。正是凭借这样人性化的做法，摩托罗拉的员工感受了极大的激励，和企业建立起了亲密的关系，也为摩托罗拉建立起了长远的人力资源储备，从而实现了管理者和员工之间的和谐。

在注重培养员工的敬业精神的企业里，管理者还会充分关注员工的深层需要，将员工的个人发展和企业的长远发展紧紧联系在一起。这样的做法和一心讨好员工的做法是截然不同的，不但调动了员工的积极性，而且有利于企业的可持续发展，可见，和谐管理并不是讨好员工。

# 绝不养成轻视工作、马虎的习惯

有无数人因为养成了轻视工作、马马虎虎的习惯，以及对手头工作敷衍了事的态度，终至一生不能出人头地。

在某大型机构一座雄伟的建筑物上，有句很让人感动的格言。那句格言是："在此，一切都追求尽善尽美。""追求尽善尽美"值得作我们每个人一生的格言。如果每个人都能采用这一格言，实行这一格言，决心无论做任何事情，都要竭尽全力，以求得尽善尽美的结果，那么人类的福利不知要增进多少。

人类的历史，充满着由于疏忽、畏难、敷衍、偷懒、轻率而造成的可怕惨剧。不久前，某镇因为筑堤工程质量的简陋，没有照着设计去筑石基，结果堤岸溃决，全镇都被淹没，使无数人死于非命。像这种因工作疏忽而引起悲剧的事实，随时都有可能发生。无论什么地方，都有人犯疏忽、敷衍、偷懒的错误。如果每个人都凭着良心做事，并且不怕困难、不半途而废，那么非但可以减少不少的惨祸，而且可使每个人都具有高尚的人格。

养成了敷衍了事的恶习后，做起事来往往就会不诚实。这样，人们最终必定会轻视他的工作，从而轻视他的人品。粗劣的工作，不但使工作的效能降低，而且还会使人丧失做事的才能。所以，粗陋的工作，实在是摧毁理想、堕落生活、阻碍前进。

要实现成功的唯一方法，就是做事的时候，要抱着非做成不可的决心，要抱着追求尽善尽美的态度。而世界上为人类创立新理想、新标准，扛着进步的大旗，为人类创造幸福的人，就是具有这样素质的人。无论做什么事，如果只是以做到"尚佳"为满意，或是做到半途便停止，那就绝不会成功。

有人曾经说过："轻率和疏忽所造成的祸患不相上下。"

有许多青年人之所以失败，就是败在做事轻率这一点上。这些人对于自己所做的工作从来不会做到尽善尽美。

大部分的青年，好像不知道职位的晋升，是建立在忠实履行日常工作职责的基础上的。只有目前所做的职业，才能使他们渐渐地获得价值的提升。

有许多人在寻找发挥自己本领的机会。他们常这样问自己："做这种乏味平凡的工作，有什么希望呢？"可是，就是在极其平凡的职业中、极其低微的位置上，往往藏着极大的机会。只有把自己的工作，做得比别人更完美、更迅速、更正确、更专注；调动自己全部的智力，从旧事中找出新方法来，这样便能引起别人的注意，从而使自己有发挥本领的机会，满足心中的愿望。所以，不论月薪是多么微薄，都不该轻视和鄙弃自己目前的工作。

在做完一件工作以后，应该这样说："我愿意做那工作，我已竭尽全力、尽我所能来做那工作，我更愿意听取人家对我工作的批评。"

成就最好的工作，需要经过充分的准备，并付诸最大的努力。英国的著名小说家狄更斯，在没有完全预备好要选读的材料之前，决不轻易在听众的面前诵读。他的规矩是每日把准备好的材料读一遍，直到 6 个月以后读给公众听。

法国著名小说家巴尔扎克有时因为写一页小说，会花上一星期的时间，而一些现代的写作者，还在那里惊讶巴尔扎克的声誉是从哪里来的。

许多人做了一些粗劣的工作，借口是时间不够，其实按照各人日常的生活，都有着充分的时间，都可以做出最好的工作。如果养成了做事务求完美、善始善终的习惯，人的一辈子必会感到无穷的满足。而这一点正是成功者和失败者的分水岭。成功者无论做什么，都力求达到最佳境地，丝毫不会放松；成功者无论做什么职业，都不会轻率疏忽。

## ↘ 限制你的是自己想象的局限

拿破仑·希尔曾经聘用了一位年轻的小姐当助手，替他拆阅、分类及回复他的大部分私人信件。当时，她的工作是听拿破仑·希尔口述，记录信的内容。她的薪水和其他从事相类似工作的人大致相同。有一天，拿破仑·希尔口述了下面这句格言，并要求她用打字机把它打下来："记住：你唯一的限制就是你自己脑海中所设立的那个限制。"

当她把打好的纸交给拿破仑·希尔时，她说："你的格言使我获得了一个想法，对你我都很有价值。"

这件事并未在拿破仑·希尔脑中留下特别深刻的印象，但从那天起，拿破仑·希尔可以看得出来，这件事在她脑中留下了极为深刻的印象。她开始在用完晚餐后回到办公室来，并且从事不是她分内而且也没有报酬的工作。并开始把写好的回信送到拿破仑·希尔的办公桌来。

她已经研究过拿破仑·希尔的风格，因此，这些信回复得跟拿破仑·希尔自己所能写的完全一样，有时甚至更好。她一直保持着这个习惯，直到拿破仑·希尔的私人秘书辞职为止。当拿破仑·希尔开始找人来补这位秘书的空缺时，他很自然地想到这位小姐。但在拿破仑·希尔还未正式给她这项职位之前，她已经主动地接受了这项职位。由于她在下班之后，以及没有支领加班费的情况下，对自己加以训练，终于使自己有资格出任拿破仑·希尔属下人员中最好的一个职位。

而且不只如此，这位年轻小姐的办事效率太高了，拿破仑·希尔已经多次提高她的薪水，她的薪水现在已是她当初来拿破仑·希尔这儿当一名普通速记员薪水的4倍。她使自己变得对拿破仑·希尔极有价值，因此，拿破仑·希尔不能失去她这个帮手。

这就是进取心。正是这位年轻的小姐的进取心，使她脱颖而出，可谓名利双收。

这个例子告诉我们，进取心是一种极为难得的美德，它能驱使一个人在不被吩咐应该去做什么事之前，就能主动地去做应该做的事。胡巴特对"进取心"做了如下的说明："这个世界只愿对一件事情赠与大奖，那就是'进取心'。"

什么是进取心？告诉你，那就是主动去做应该做的事情。仅次于主动去做应该做的事情的，就是当有人告诉你怎么做时，要立刻去做。

有的人，只在被人从后面踢时，才会去做他应该做的事。这种人大半辈子都在辛苦工作，却又抱怨运气不佳。

最后还有更糟的一种人，这种人根本不会去做他应该做的事。即使有人跑过来向他示范怎样做，并留下来陪着他做，他也不会去做。他大部分时间都在失业中。

你属于上面的哪一种人呢？如果你想成为一个不断进取的人，就要把拖延的习惯从你的个性中除掉。这种把你应该在上星期、去年甚至于十几年前就要做的事情拖到明天去做的习惯，正在啃噬你意志中的重要部分，除非你革除了这个坏习惯，否则你将很难取得任何成就。

## ↘ 认真关心自己的员工

在激烈竞争的市场条件下，几乎所有的企业都强调了顾客对于企业的重要性。为了争取更多的市场占有率，许多企业提出了顾客就是上帝的口号，十分重视顾客的需求和意见。

但企业对顾客的重视并不是停留在表面上，就能被顾客所感知的。顾客能否对企业感到满意，并不完全取决于企业推出的种种措施和政策，还在很大程度上受企业员工的服务态度、主动性等的影响。只有对企业满意的员工才能为顾客提供周到全面的服务，才能获得顾客的满意。所以，要想获得顾客的满意，首先要获得员工的满意。

假如管理者认真关心自己的员工，竭力了解员工的工作和生活，改善员工的工作环境，保全员工的利益，使员工心情舒畅，员工自然就会努力按照顾客的要求满足顾客的需要。相反，如果企业对员工冷漠、严苛、不信任，员工对企业怒气冲天，那么在服务客户的时候，员工的这种不良情绪就会降低服务的标准，难以给客户带来良好的感受。

随着知识经济时代的到来，人的知识、智慧、才能和技术越来成为重要的资本，员工的积极性和创造性将成为企业最重要的财富。可以说，在当今时代，现代人力资源管理的最终目标就是让员工发挥出更多的知识和才能。借助于员工付出的时间、精力、才智和经验，企业才得以保持活力和发展，顾客的需要才能够不断被满足。所以，企业要确保和员工合作的长久和稳定。

同时，管理者为员工提供了一个发挥自己才能和智慧的舞台，任由员工尽情挥洒自己的才干，在这个意义上，可以说是"企业搭台，员工唱戏"。在企业提供的良好工作环境、薪金待遇以及发展空间下，员工可以使个人的价值得到最大限度的体现。当企业为员工提供了最能发挥其潜力的位置时，员工也可以得到最好的个人发展空间。这样，对管理者怀着知遇之恩的员工自然会发挥出最大的能动性。

惠普公司就声明要给顾客提供最好的服务：客户总是希望惠普的产品和服务具备最高水准，同时希望所获价值亦能持续长久。为满足客户要求，所有惠普人，尤其是经理人员必须率先积极热情、加倍努力地工作。

同时，他们的管理理念中仍旧声明了员工的重要性："我们面对任何情况都坚信：只要给予员工适当的手段和支持，他们就会愿意努力工作并一定会做得很好。我们吸纳那些能力超卓、个性迥异及富有创新的人加入惠普，我们承认他们对公司所作的努力和贡献。惠普人积极奉献，并能分享其通过努力所获得的成功。"

一个企业的管理者时时为员工的成功感到欣慰的时候，同样是员工对管理者的回报在一天天增加的时候。企业和员工是合作伙伴关系，合作伙伴的成功就昭示着企业的成功。即使是员工的高薪也不会剥夺企业的利润，因为企业成本增加的同时，它的利润更是在快速增长。日本著名企业索尼公司从第二次世界大战后一家仅有20人的小作坊一跃而成为今天年销售额达到300亿美元的大型跨国公司，与它依靠科技、不断创新的理念是分不开的。但索尼的创始人盛田昭夫深深地知道，不管企业有怎样的创新都离不开员工的贡献。索尼有一个政策，不论身在何处，什么职位，只要是索尼的员工，就是大家庭中不可分割的一分子。

在索尼，员工和管理者之间相处融洽，亲如一家。不管是管理人员还是普通工人，都穿同样的工作服，在同一个食堂吃饭，都有权利对企业的工作提出自己的看法和建议。即使后来公司的规模扩大了，盛田昭夫也坚持与员工进行密切的接触。一次，盛田昭夫注意到一个小伙子闷闷不乐，就耐心地询问他。听说他是因为自己的意见得不到上司的注意而苦闷，盛田昭夫立即重视起来，他们发行了一份内部周刊，及时通报各部门的工作情况，并建立了内部职位流动的制度。

正是由于管理者重视员工的意见，员工的创新精神才得以充分发挥，使得索尼保持着同行业技术创新的先导地位。

对于一个企业来说，顾客是上帝和员工是上帝在根本上是统一的。和谐管理使两者相互统一，使企业和员工产生双赢。

## ↘ 教导员工认同荣誉

强大的机构，譬如像西点军校，其力量是来自根深蒂固的价值观，因为这些共同的价值体系而团结个人成为整体。个人崇拜型的领导，例如深具领袖魅力的主管，绝不可能像植根于共同价值观的领导那样坚强有力。如果一位同学违反了荣誉守则，他就是破坏了所有成员，以及整个机构的根基和目标。如果听任学生容许别人说谎，而不要求确实做到荣誉守则的四条规定，那就等于把容忍提升为最高的价值。忠诚别人，等于忠诚自己。

荣誉课程最终是教导学生不仅认同同辈，更重要的是认同光荣的机构共同价值观。能够认同大我，而不仅是一己小我，有助于个人随时不忘团体的共同利益。学生得以不断拓展自我，重新评估自己的定位、在团队中的角色，以及在大我中的角色。其忠诚不仅是针对一己的技能，或是所属的一班、一排，而是针对整个西点军校，以及西点所代表的价值体系。这可以称为双重的忠诚。好的领导人可以激发部属内心中"我们就是整体机构"的认同感，由此强化部属对团队以及对整个组织的双重忠诚。主管人员要让员工明白，整个机构不是"厂方"、"社方"，而是"我们"。这一点可以在言语上做得到，提到整个单位的时候要说"我们"，因为事实上一个机构确实是由所有成员共同组成的。然而凝聚向心力最有效的办法，还是带领整个机构追求一些让员工能够认同对社会有所贡献的目标，而不仅是只求一己私利的正当目标。

汽车公司的主管，如果能够把目标订在生产更安全、可靠、经济又兼顾环保的车辆，而不仅仅是为股东创造利润，那么员工更有可能对公司持肯定、认同的态度。目前，在北卡罗莱纳州伊莉莎白市的艾尔巴玛专校担任校长的赖瑞先生，听到学校老师向他提出了这样一个问题，说邻近的一所专校为了改善他们传统上只有黑人学生的情形，推出一项奖学金，吸引了附近地区许多优秀的白人学生，直接影响到我们人文科系的学生来源。校内的老师认为这是一个威胁，但是赖瑞校长却明白地告诉大家：我们应该支持邻校的目标，而不是加以阻挠，因为他们的做法有利于北卡地区更大的社会需求。

校长向老师们说明，他们可以加强邻校比较弱的科系，使两个学校的课程能够相辅相成，这样校内老师也毋须担心失业了。由此可见，"双重忠诚"这一概念，无论是对于个人，还是集体来说，都是很重要的。西点的双重忠诚无疑是我们努力学习的方向，而在我们身边所见到的一些事例中，这种双重忠诚却是极其罕见的，这不能不让我们警惕。

在这个世界上，人们提倡的是"敬业"精神，这是各行各业的人员都遵守的，例如某公司的职员道格拉斯，他在公司里管总务工作，也许并不需要特别的专业技术知识（其他部门提出需要买什么，然后他只要决定到哪儿买就行了），但他兢兢业业地为公司工作，节省了许多资金，这些成绩是大家有目共睹的。在他 29 岁那年，也就是他被指定采购公司定期使用的约 1/3 的产品的第一年，他为公司节省的资金已超过 80 万美元。公司的副总经理知道了这件事后，马上就加了道格拉斯的薪水。道格拉斯在工作上的刻苦努力，博得了高级主管的赏识，使他在 36 岁时成为这家公司的副总裁，年薪超过 10 万美元。

道格拉斯的这种对待工作狂热的激情和姿态，不一定适用于每一个人，但在很多情况下，他的敬业精神是值得我们每一个人效仿的。

所谓"敬业"，就是要敬重你的工作！为何要如此，我们可以从两个层次去理解。低层次来说，"拿人钱财，与人消灾"，也就是说，敬业是为了对老板有个交代。而如果我们上升一个高度来讲，那就是把工作当成自己的事业，要具备一定的使命感和道德感。不管从哪个层次来说，"敬业"所表现出来的就是认真负责——认真做事，一丝不苟，并且有始有终。

很多人都有这样的感觉，自己做事都为了老板，为他人挣钱。因此能混就混，认为公司亏了也不用他们去承担，他们甚至还扯老板的后腿，背地做些不良之事。可是，稍加理智地想想，这样做对你自己并没什么好处。工作敬业，表面上看是为了老板，其实是为了自己，因为敬业的人能从工作中学到比别人更多的经验，而这些经验便是你向上发展的踏脚石，就算你以后换了地方、从事不同的行业，你的敬业精神也必会为你带来帮助！把敬业变成习惯的人，从事任何行业都容易成功。

有人天生有敬业精神，任何工作一接上手就废寝忘食，但有些人的敬业精神则需要培养和锻炼，如果你自认为敬业精神不够，那就应趁年轻的时候强迫自己敬业——以认真负责的态度做工作。经过一段时间后，敬业就会变成你的一种习惯！

　　具有敬业精神，或许不能立即为你带来可观的好处，但可以肯定的是，如果你养成了一种"不敬业"的不良习惯，你的成就会相当有限，你的那种散漫、马虎、不负责任的做事态度已深入你的意识与潜意识，做任何工作都是"随便做一做"，结果不问自知。

# 第七章 辨明主力优势：
## 授权之后员工都是主力军

掌权需要技巧，不需要耀武扬威，更不需要人人向你低头。很多管理人一旦手中有了权，就精神起来，腰杆挺得笔直，说话声音特高，结果把权力变成维护自己的手杖。而管理人则善授权，然后集权。当员工有了权力感的时候，就会多一份责任感，管理人的权力就有了很强的辐射力，权力的力量就更大了。

# ↘ 大权独揽，小权分散

"权"字好说，不好用，怎样用得游刃有余，得心应手，才是管理人所最关心的。权乃身外之物，用则有，不用则无，轻轻松松来掌权，又何乐而不为呢？只有傻瓜才以权压人，以权吓人，被权所累，整天惶惶恐恐也。

作为管理人，并不意味着他什么都得管。应该大权独揽，小权分散，做到权限与权能相适应，权力与责任密切结合，奖惩要兑现。

什么都干的管理人是什么都干不好的。记住，当你发现自己忙不过来时，你就要考虑自己是否干了些应该由下属干的事情，是否应该向下放权。

许多人喜欢命令下属去干事，以显示其管理人地位。"你今天要给我把这份文件写好，并且打印三份。"这种命令的口吻多少让下属有些不快。

多发问，少命令。

发问可以使下属觉得他也是公司的一部分，他在为公司的工作而努力，这比为某一个人卖命好一些。那么前面的命令可以转换为以下的发问："我们急等这份材料用，你看今天能写完并打印三份吗？"

虽然管理人有时会遇到一些是超过自己权限的事情，而且对此业务也不太熟悉。这样的事不该管，管不好的事情干脆不管。聪明的你不会如此受累不讨好的。

一个人遇到的事有大、有小，管理人要全力以赴抓大事。大事就是全面性、根本性的问题。对于大事，管理人要抓准抓好，一抓到底，绝不半途而废。一般来说，大事只占20％，您以百分之百的精力，处理好20％的事情，当然会轻松自如了！

记住：杀鸡不用宰牛刀！

只要是做管理人，无论是刚刚上任，还是已经做了很长时间，一定会有许多事情要处理，但千万不要认为，把自己搞得狼狈不堪是最佳的选择。轻松自如的管理人善于把好钢用在刀刃上，功夫用在诗外，厚积而薄发，不失为上策。

## ↘ 巧妙掌权的 10 个要点

管理人若能按照以下 10 个要点去做，便能使授权的效果做得更好：

1. 要使授权者对自己在公司的权位有安全感。有许多授权者基于不安全的理由，而不敢把权力交给下属。要帮助这类型的管理人克服这种恐惧心理，就要先协助他们建立起自信心。在他们做得稍有成绩时，便予以赞赏，或用头衔和特殊优待来加以认定。鼓励他们参加卡耐基训练"沟通与人际关系"班，让他们明白授权并没有降低他们在公司的地位或价值。相反地，由于减少了部分工作负担，他们会有更多的时间和精力去从事更重要的事。

2. 使授权者明白授权的必要。假如管理人被限制在从事一些技术性的工作方面，便无法充分发挥自己的潜能。管理人的成绩并不能用他们个人的专长技术来衡量，而是要看他们是否把属下带领得很好。这只有在分权的情况下才可圆满达成。

3. 整个公司要有鼓励员工创新的气氛。管理人要对自己的人员具有信心，如此恐惧和挫折便不容易增长。可能的话，要在其一出现的时候便设法消除。

4. 管理者要真正相信授权的重要，并由最高管理人开始做起，一直推行到最基层。每一阶层的管理人员都应了解：为了公司和全体员工的成长，管理人必须容许属下作决定。如有错误，亦应妥善处理。为了授权制度能够成功，公司必须预备付出这类错误的代价，并作为全体职员求进步的花费。经验显示，假如允许新进的管理人员在低层次的管理工作上犯错，则他们会在错误中学习，反而可以避免以后造成更大的错误。

5. 管理者的授权行为，必须使受权者接受，并视为是个人进步的一个过程。授权是训练部属的一个好方法，应该让他们了解：这新得的权力和附带的责任，会使他们以后成为好的管理人。

6. 应让部属明白自己该达成什么成果。最好是要求部属把行动计划写出来，看他们认为自己该如何达到预期效果，并需要哪些协助。

7. 管理人必须了解每一个部属的能力。在分派职务的时候，并不是以部属的技术，而是以他们的工作动机来决定，研究显示：许多管理人无法充分利用属下的潜能去完成一般的职务，这便不是成功的管理。成功的管理人会找出部属潜在的能力，然后借由分派的工作而发挥出来。

8. 必须把考核标准订立出来，以协助部属及上级双方都能借此来衡量工作的成果。在"以人为导向"的公司里，考核标准并不是由上级单方面来制定，而是由参与其事的所有工作成员共同协助制定出来的。因此，负责执行的管理人应该具有额外的自由来衡量自己的进度，并修正自己的计划。当然，他们仍须负起全部的责任。

9. 管理人应给予部属充分的权力去作决定，以顺利达成所要的成果。部属也应该有权使用人事部门的各种协助，也应在指定工作任务范围之内，尽量练习亲自去决策。

10. 属下若有任何需要帮助的地方，各级领导均应随时提供协助。授权绝不是一种"不顾人死活"的措施，授权的管理人对受权的部属仍负有监督其达到预期成果的责任。授权的管理人必须了解属下公司的有关政策及各种规定。有效的管理者会提供部属任何咨询、讨论及施行时的各种办法，却绝不干涉其行动。假如管理者发现有什么问题即将发生，也应尽量让部属有机会去亲自验明并解决问题。

# 赐给下属一把"宝剑"

在许多情况下公司管理人都不得不使用"赐给下属一把宝剑"这一做法，来帮助员工顺利完成公司管理人或上级交给他的工作。在这一过程中，员工们依据管理人授予他们权力的大小而超越个人权限开展工作。很像以前御封钦差大臣，一时间身价百倍。

实际上如果管理人能够在日常工作中得到适当授权，往往可以减去正常程序中重复无效的环节，很快地提高工作效率，所以不要总把管理人的权力当做你个人的特权，只有当权力在更多地需要它的情况下发挥作用的时候，权力的好处才能充分地显现出来，才能更大地提高部门运营速度。

一般情况下，授权出于以下两种原因：

1. 打破下属心理的障碍及建立自信心。前面有关自信的话题中我们谈到过，当员工经历过一个遇到困难、惧怕困难、挑战困难、克服困难的过程后，自信心就会大大提高。但员工们在惧怕困难、挑战困难这一心理变化上是不能完全依赖个人的勇气和旁人的鼓励的，更多的时候，他们需要一些实质性的物质帮助。授权是这一类中最简单易行的方法之一，同样的道理，授权也是激发员工创造性的一种方式。当员工被授予了某种特权可以不顾一些死板的规定而任意发挥的时候，往往可以做出一些出人意料的创造来。

2. 基于组织的需要，在工作上使授权者找到从属关系，使下属清楚自己的责任。这是一种专门用来调整公司内部关系的方法，同时明确了这一特定情况下员工的职责范围。

正是由于以上两个方面的原因，管理人决定将一把"上方宝剑"授予你器重的一名员工。但是你又害怕由于授权不当带来一系列的麻烦，那么在你冥思苦想之后，看看除了以下这些要点还缺些什么：

①要确定授权的范围。授权后最大的顾虑就是员工手持"上方宝剑"为所欲为，这是授权主要的负面影响之一。所以在授权的最初就予以明确权力范围，把可能会导致滥用职权的权力限度降到最小，纵然会造成损失，也不至于太大。

②要用书面的形式写出来。这往往是许多管理人士容易忽略的地方，万一出了问题没有凭证。书面授权可以让你和他以外的第三人，有机会参与到你们的授权中来，甚至可以参与评判。另外，书面授权的内容一定要详尽，把授权的双方、时间、限期、目的、具体权限，

还有一些后续问题，比如一旦出了问题责任谁来承担等写清楚。换一个角度来说，就是让授权规范化，避免口头授权容易疏忽的问题。

③授权后仍有适当的控制。这样的控制基础是有效的监管系统，让员工的主要行为都呈现在你的眼前，对于问题严重的地方能及时地出面予以制止。能放能收，游刃有余，才会显出管理人的运筹帷幄能力。

④要能使每个员工有晋升的希望，以激励整体士气（鼓励每个人自愿担任更艰巨的工作）。在许多员工眼中，管理人授权于某人，就是他不久就要升职的前兆，所以用授权方法吸引员工的同时也是帮助员工敢于承担和解决工作中的困难，不失为一种激励员工的好办法。

⑤不可授予零星而不完整的职权。这一点的意思是希望管理人在授权时不要将权力割裂。权力的魅力就在于它可以控制一系列事物的发展情况，而当你好心地将权力"一人一杯羹"分发给各个员工时，权力根本无法有效地发挥出来，反而会使工作进程更加复杂。

既然授权有这么多的学问，那么你在授权之前是否应该缜密地思考一番呢？不过也不必过于"惜权"，也应该让员工们尝一回使用权力的快感。对于成功的管理人来说，大胆授权的基础就是仔细地考虑和对员工与自己的信心。

# 让下属自己去解决问题

　　无论在哪一家公司里都有那么一两个管理者，他们的一切工作总是要由自己亲自去做，好像不自己做就不放心似的。话虽然这样说，但也不是完全不给部下分配工作，事实上只分配给部下单纯性的作业，而不分配给判断性的作业。

　　为什么不让部下进行判断性的工作呢？对这一质问的回答大概是这样的：假如把判断性的作业分配给部下去做，出错该怎么办呢？结果，还是必须由自己承担这种错误，这样一来，不是要费两遍事吗？如果这样，从一开始就由自己去做，不是更保险一些，工作效率也可以提高吗？

　　这种说法好像也有一些道理，但站在最高负责人的立场上，会怎样看待他们呢？本来打算进一步提升他，可是他也太不像话了。不可否认他对现任工作很熟练，可是他的工作方法有问题，好像自己不在场别人就无法工作似的，太骄傲自满了！培养部下，尤其是培养能够接班的部下是一件大事情。从长远观点来看，要提高效率就得培养部下，对于这一点他好像丝毫不懂似的。看来不能再让他这样下去了，一定要把他换下去，不然他的部下都将成为只会听命而不会思考的人了！

　　另一方面，部下怎么想呢？最初听到了这样小声的议论："大概管理人认为我们都是无能之辈，只能从事一些简单的工作吧！不，管理人可能也不懂，或者不耐烦顾及我们？也可能他认为如果我们成为比他能力还高的人，他就会感到处境困难吧！"

也许有人认为下属没有必要说这些话，可是能听到这样的议论还算好的。等到逐渐习惯了，下属就会相信管理人不是那么一种人，或者认为："听任管理人的吧！责任完全由管理人来负，这样做工作我们也比较轻松。"如果到了这种程度，团队的工作就将毫无朝气了。这时，即使管理者认识到自己的过错，也为时已晚。对于管理人来说，一方面完全失去了部下的信任，另一方面也会使得部下心情不舒畅。事到如此，再让下属进行判断性的工作，也不会满足应承了。

一切工作全部由自己来做的管理人，无论是最高负责人还是部下都是不欢迎的。该让部下做的工作就让部下去做，这是管理人本来应有的态度。尽管最初可能出现某些差错，或许会多少引起一些工作效率的下降，也要坚持这样做下去。

其实，管理人本身也是那样锻炼过来的，为了提高工作能力，就必须下决心做出牺牲，付出一定的代价，使下属得到锻炼和提高。因为这样做，不仅能够提高自己在最高负责人和部下心中的威信，而且还能按照计划把部下培养出来，对于管理人具有极大的意义。难道你不这样认为吗？

这是一位公司管理人在管理方面任职很长一段时间后讲过的话："我认为管理者不能自己动手进行工作，当然，这里所谓的管理者，不是考虑其职位高低，而指的是能直接领导部下的人。但是最近则指的是没有部下的管理者或者是只有管理职务的人。这好像大概指的是技术专家或什么其他职务的人吧！我认为管理者是组长也好，是组里的管理人也好，总而言之是一些具有部下的人们。"

再来看下面这段对话：

"主管，我想我们找到了一种修改数据库的方法，这样就能找到那些我们一直想进行处理的成本数据。"

"韦尔特，这确实是个很好的目标，可这样你不是要改变我们正在使用的格式了吗？"

"用不着全部修改，我也不会这样做的。我找出了需要修改的地方，而秦伟成他们组也已经同意替我们来做这事了。"

"慢着！为什么先前没有人向我提起过这事？"

韦尔特显然给吓退了："老天，我们没想到你会有什么不同的意见。我们正在努力，以使这个系统对我们更加实用。"

"就像我刚才说的，韦尔特，这的确是个很好的目标，可我并不喜欢你们做事的方式。你为什么不给我解释一下你认为应该做些什么。如果听起来可行的话，我会提出需求，让那些安装这套系统的人来决定是否修改。"

在这个简短的事例中，管理人显然妨碍了下属充分发挥其能力，并大大挫伤了他的积极性。

管理人在业务方面已经十分熟练，但下属可能尚处于学习阶段，所以管理人千万不要期待下属做得跟自己一样的完美，一定要给他们一个能自由发挥能力的空间。你可以给员工一些兼差的机会。因为，普通人根本无法在别的部门发表意见，但由于兼差之故，他能够在别的部门随心所欲地发言，使能力充分得到发挥。

你也可以将员工个人的力量集中应用在另一方面。当公司决定详细划分每个员工的工作范围后，许多事就停顿下来，无法继续办理。此时，若由其他部门选调一些人，编成临时小组去处理这些事，成效将更好。

员工将自己的能力多方应用时，应用之机会愈多就愈觉得满足，最后就会愈起劲地工作。有位员工说："我的工作虽然单纯，但因符合兴趣，可以发挥我的能力，因此工作起来就不觉得枯燥，也就是说，工作时若无法发挥自己的能力，就会想到另谋发展，根本无心工作。"

"海阔凭鱼跃，天高任鸟飞。"在对待下属的问题上，管理人就要学习这种气概，不要利用手中大权，来捆绑住下属的手脚。

有人认为，根据公司的情况，科长以上都属于管理职务，而组长或主任则不属于管理职务。具有这种奇怪想法的人虽然是有的，但这样划分的职务在现实中完全不能通用。

刚才说管理者自己不要从事直接工作，但这也并不意味着仅仅是监督部下而已。管理者应该做到部下能干的事自己不去干，要专心去干部下不能干的事。管理者必须时刻意识到自己应该干些什么工作。

例如，部下担任的工作遇到很大问题怎么也解决不了时，管理者要有效地利用过去的经验和能力，设法给他解决这个问题。或者，在总结洽谈贸易的最后阶段，亲自出马圆满结束洽谈，总之，在关键时刻必须亲自动手。为此，就要很好地理解工作的关键所在，并在重大的事务面前认清时机很好地加以处理。

从旁观者的角度来看，最可悲的管理者究竟是一些什么人呢？首先是不大知道哪部分是工作的要害或者是在什么时候会发生这样的问题。其次是即使知道要害问题，也不知道最好的处理方法是什么。尽管他们努力去工作，但抓不住要害问题，也会偏离中心或导致失败。

# 权力转让时的注意事项

身为管理人，能否成功地授权给属下，与你本人的思想方法、工作能力有着直接的关系。下面谈谈权力转让时的注意事项。

1. 弄清转让权限的本质

对管理人而言，最重要的事情是牢牢掌握权限转让的本质含义，权限转让决不是责任的转让；当你将权限转让出去之后，必须仍然保留作为下属的管理人和合作者的身份。

2. 使下属清楚目标和目的

你的责任不仅仅是对下属说要他做些什么，还要使他清楚为什么这么做、什么时候做、和谁一道做、怎么做。否则，尽管你将一部分权限交给他，也不可能充分发挥其功能。

3. 认真了解下属情况

你的每一个下属的工作能力及思想方法都会有所不同，所以应该充分了解他们的专长及做哪些工作最合适，然后将最符合其特点的那部分权限委托给他们。

4. 事先确定工作完成标准

与部下共同磋商，制定工作标准。同时还应商量成绩评估方法，以获得一致性的意见。

5. 训练指导

为了更好地转让权限，应对下属进行训练和指导等。

6. 经常谈心

为使下属毫无顾忌地行使转让而来的权限，应随时任其畅所欲言，并给予大力协助和必要的指示。

7. 结果的评估

将权限转让出去之后，如果太过于撒手不管就容易使属下干劲松懈，这也是失策原因之一。应该经常就转让出去的权限、工作成效给予恰如其分的评估。

管理人主动地、合理地授权于下属，能够调动下属内心的积极性，增强他们的自信心，从而使公司上下一心，共同发展，究其原因，其妙处就在于授权合理。

一个人的能力是有限的，管理人要想使自己的领导才能得到充分发挥，要想维护权力系统的有机运转，就必须在抓住主要权力的同时，合理地向下属授权，这对搞好本部门工作，提高领导工作效率，有着重大意义。

1. 授权是实现领导目标的需要。任何领导目标都是若干较低层次目标的总和，需要多层次领导齐心协力为总的领导目标努力奋斗。

2. 授权有利于发挥下属在工作中的积极性、主动性、创造性，使管理人的智慧和能力得以延伸和放大。从一个人忙，变成众人忙。

3. 授权有助于下属的锻炼、提高和发展，有助于提高整体素质水平。

4. 授权使管理人从一般事务性工作中得以解脱，可以集中精力抓大事。

授权，既是领导方法，也是领导艺术，管理人不仅要认识到授权的重要性，还要在实践中认真摸索，学会授权。

授权的同时，管理人要防止失控，因此要从以下方面做起：

1. 对下属权力要做到能放能收，掌握控制权。

①选好授权人，慎重委以权力。

②果断行使调整权，对工作失职、背离原则的人要严肃批评，必要时削弱其权力，直至予以免职。

2. 严格控制下属权力范围，制定有效的约束措施。

3. 要紧紧把握监督环节。对下属工作要密切关注，不干预不等于不知晓，一旦出现偏离，要及时调节。

4. 加强教育，提高下属的职业道德，建立良好的行为规范；提高下属的内在思想素质。

公司管理人的授权，就是为了给使用对象有相当的自主权、自决权和行动权，同时，又对该项任务的完成负主要的责任。又可避免控制的范围过大，触角伸得太远，这种控制就很难驾驭。所以，管理人一定要切记！

# 必须掌握的授权规则

高明的授权法是既要下放一定的权力给部下，又不能给他们以全受重视的感觉；既要大胆信任，又要有一定的牵制。若想成为一名出色的成功管理人，就必须深谙此道。

一个成功的管理人应该懂得"一个人权力的应用在于让他们拥有权力"，掌握授权这一领导艺术，需要注意的是授权虽然重要，但并不是人人都会授权，授权不当比不授权造成的后果更严重。正确的授权做法是：

1. 择人授权

即根据下级的能力大小和其他个性特征等区别授权。对于能力相对较强的人，宜多授一些权力，这样既可将事办好，又能锻炼人；但对于能力相对较弱的人，不宜一下子授予重权，否则就可能出现失误。同时，授权时应考虑被授权者的其他个性特征。对于性格外倾性明显者，授权让他解决人事关系及部门之间沟通协调的事容易成功；对于性格内倾性明显者授权他分析和研究某些问题则容易成功；对于要求做出迅速和灵活反应的工作，授权让多血质和胆汁质的人处理就能成功；对于要求持久、细致严谨的工作，授权让黏液质和抑郁质的人处理就可能效果良好。

2. 当众授权

当众授权有利于使其他与被授权者相关的部门和个人清楚，管理人授予了谁什么权、权力大小和权力范围等，从而避免在今后处理授权范围内的事时出现程序混乱及其他部门和个人"不买账"的现象。

3. 授权有根据

管理人以手谕、备忘录、授权书、委托书等书面形式授权具有三大好处：一是当别人不服时，可借此为证；二是明确了其授权范围后，既限制下级做超越权限的事，又避免下级将其处理范围内的事上交，以请示为由，貌似尊重，实则用麻烦管理人的办法讨好管理人；三是避免管理人将授权之事置诸脑后，又去处理其熟悉但并不重要的事。

4. 授权后要保持一段时间的稳定，不要稍有偏差就将权收回

如果授予一定权力后立即变更，会产生三个不利：一是等于向其他人宣布了自己在授权上有失误；二是权力收回后，自己负责处理此事的效果如果更差，则更产生副作用；三是容易使下级产生管理人放

权却又不放心的感觉，觉得自己并不受管理人信任，有一种被欺骗感。因此，在授权后一段时间，即使被授权者表现欠佳，也应通过适当指导或创造一些有利条件让人将功补过，不必马上收权。

### 5. 授权不授责

组织管理原则中一直有权责对等这一原则，但授权却是例外，即授权后并不要求被授权者承担对等的责任。因为权责对等原则是针对某一职位应该拥有的权力而言的，若没有这一权力，则这一职位就没有必要设立。而授权对于管理人来说是一种可为也可不为的权力，而不是必须为的义务。在这种情况下，管理人授权的实质就是请被授权者帮助他办事，是一种委托行为。因为，授权后，当被授权者将事情干得好的，应当给予奖励和表彰；当事情干得不如意时，管理人应该自己来承担责任，而不能将责任推给被授权者。

### 6. 授权有禁区

尽管从某种角度说，管理人能够授出的权越多越好，但并不等于说管理人将所有权都授出去而自己挂了空衔最好。如果这样，公司就没有必要设立管理人了。在授权问题上存在禁区，有的权多授好，有的权少授甚至不授更好。一般来说，授权的禁区有：公司长远规划的批准权；重大人事安排权；公司技术改造和技术进步的发展方向决定权，重要法规制度的决定权；机构设置、变更及撤销决定权；对公司的重大行动及关键环节执行情况的检查权；对涉及面广或较敏感的情况的奖惩处置权；对其他事关总体性问题的决策权。

# ↘ 既然放权就要对下属放心

管理人应了解下属的专长，以及他的期望，是否与本身职位相符。因为唯有如此，下属方能认定目标前进，发挥最大潜质。

使每位下属都知道自己的职责范围，不会出现越权或被侵权的现象。一些管理人胡乱指派下属工作，不理会该项工作是否本来属于其他人所有。如此一来，要实行的下属感到不满，被代替工作的人也有被侮辱的感觉。最严重的，是认为该项工作并不重要，而可以随时让人取代。

从下属上班的第一天起就让他清楚自己的职责和权力范围及工作的目的和建议的行事方针。绝不能出现一位下属被瓜分成为两位同事的副手，例如A下属被派协助B的同时，又被派给C；A下属疲于应付，B和C也大感不便，皆因需要协助时，A被对方支开去。如此安排，使三者均对自己的职责感到迷惘，无法一致地进行工作。

遇到经常超越自己工作范围的下属，不宜直接要他做自己分内的事，反而应婉言相劝及引导他认识本身的职责。如果发觉他根本已认清自己的职责，而是经常刻意越权者，那就直接提醒他不能再有下一次。对他言明越权会对对方造成的不便，并认同他有能力做更多的事，只是待时间上的安排。

尽管知道某下属的能力较高，可以授权他做更多的事项，但是不能从已经接手进行工作的下属手中，把事项移交到前者身上。除非管理人认为后者已无能力将事情办好，但是要有证据显示方能服人，以免出力不讨好，影响两者的工作情绪。

由计划、开会以至进行一项工作，管理人当然有责任和权力去参与。然而，过分的干扰，会造成下属的依赖心，无法突出个人表现。

管理人给予下属过多的辅导，不能使下属独立处理整件工作，对下属本身及管理人，均会造成长远的损害。在下属方面，未有适当的磨炼，埋没了潜质和才华。在管理人方面，工作量太大，精神和体力均感疲乏。况且以一个人的能力，没有集思广益的好处，终会比其他同行落后。

无论任何时候，与下属一起研究工作，指派了某些下属进行后，就放心让他去处理。在适当的时候，询问下属一些问题，防止他偏离目标，但不等于干扰。例如问他是否要协助、工作进度如何、可有遇到困难等。

主观的判断会影响下属的工作情绪，使他们不敢放胆去做。因此，管理人应站在客观的立场，看下属的工作进度。"我认为这样不好"的说法，改为"你认为这样会较好吗？为什么？"下属听来较易接受，以及帮助他更了解工作，方便工作的进行。

让权是管理工作中的一件大事，企业主管切不可小觑，以为把权让出去就可以高枕无忧，退居二线了。所以一定记住让权归让权，但主见却不让。只有拥有主见，才会有权力。

同事要夺你的主管大权，让与不让是个问题，该让与不该让又是个问题。上下衡量，纵横比较，首先要做到心中有数，表面无所谓，内心有杆秤，才会不被同事所左右。

这是发生在某一位中小企业主管身上的事。这位主管的想法很民主，对待部属也很民主。当他在拟定一个新企划案的时候，一定会参考部属的意见。然而，结果却常常令人失望，于是便召集部属讨论，究竟是什么原因造成失败。

有位部属表示是因主管的指导不恰当才造成失败，又有部属表示是因 A 君犯了某方面的过失才造成失败。结果，大家都把过失归咎于他人，认为失败和自己一点关系也没有。而主管也采纳了大家的意见进行改善，但结果还是令人大失所望。然后，主管再召开讨论会、再修正、再改进，结果还是失败。在这不断失败、讨论的过程当中，主管被部属弄得团团转，结果还是一败涂地。

这位主管之所以不断失败，可能是因为第一项技巧运用得不好，但可以肯定的是第二和第三项技巧也运用得不好。当部属推卸责任时，身为主管不加以制止而造成失败。身为主管不能完全依靠部属的意见或想法，自己也要有主见或见识才行。而且，身为主管所提出的意见或想法一定要比部属高明，让部属觉得你不愧是主管而对你口服心服。但这位主管并没有做到这一点，所以才连连受挫。

在与同级的交往中，属于自己向对方提出的要求，都是主动式的，可控的；属于对方向自己提出的要求，都是被动式的，不可控的。领导者要协调好同级之间的关系，必须首先学会巧妙地应付同级提出的要求。

有些缺乏交往经验的领导者，往往习惯于运用单维思维来考虑和处理同级提出的要求，因此，尽管有时候他们做出的决定是正确的，但却引起了同级的反感。在交往中，他们忘记了一条基本原则：同级相处，并不单纯为了追求"正确"，更多的时候，应该在追求"正确"的同时，兼顾"合作"和"情面"。譬如，在日常工作中，我们常常可以听到同级之间，进行类似的对话：

甲："明天您能抽两个人，帮我们科室核对一下生产成本吗？"

乙："不行，我这儿实在抽不出人来了。真对不起。"

从这段对话，我们可以看出，尽管乙做出的决定可能是正确的，他也很注意交谈的方式，十分"礼貌"地回绝了同级的请求，但是，却仍然引起了甲的不快和反感。究其原因，显然并不在于他的交谈方法是否得当，而在于他纯粹采用了单维思维的方式，简单地在"行"和"不行"之间进行抉择。这样做，势必使自己在处理与同级的关系时，回旋的余地很小，也很难做到既追求"正确"，又兼顾"合作"和"情面"。在这种时候，倘若换用多维思维来考虑和处理同级的要求，其结果就会大不一样。乙完全可以在下列几种方式中，任选一种最佳方式，来巧妙地回答甲。

其一，折中方式（部分满足对方）："好，我设法抽一个人给您，另一个人请您向别的科室求援，行吗？真对不起。"

其二，缓解方式（逐步满足对方）："我可以抽两个人给您，不过得过几天。如果您急等着用，我明天先给您一个人，过五天再给您另一个人，行吗？真对不起。"

其三，转嫁方式（让第三者满足对方）："我一定设法让您得到两个人。这样吧，我去找别的科室商量商量，您等着我的回音，好吗？"

其四，推迟方式（暂不正面答复对方）："让我考虑一下，尽快答复您好吗？真对不起。"

其五，修正方式（以新方案"修正"对方的要求，实质上是巧妙地否定或拒绝了对方的要求）："我有一个好主意，让咱们跟领导说一下，将生产成本交给一车间核算。这样，您不就省事了吗！"

其六，变通方式（数量上满足对方，质量上迁就自己；或者形式上满足对方，实质上迁就自己）："好吧，我可以援助您两个人。不过，这两个人不是从我的科室抽调，而是由我从一车间抽调。您看行吗？"

仅这件小事，运用多维思维来考虑和处理，就具有上述多种可供抉择的理想方案。事实上，可供抉择的处理方案，当然远不止这些。按照同样的道理，用来处理同级之间的一切事情，都可以分别采取"部分满足""逐步满足""转嫁满足""回避答复""巧妙否定""形式上满足""看似满足、实质拒绝"等多种方式，导演出十分精彩的"交往剧目"来。

## ↘ 理性应对争权现象

企业中的争权现象不少，主管就应该掌握些争取技法。

何为争取技法？争取什么？

主管指挥部下，就是要仔细揣摩下属的心理，运用适当的说服方法，说服下属听从指挥，按主管意志办事，所以要争取的就是下属对主管决定的赞同与认可。

可见要争取认同，主管必须要掌握争取的技巧和说服的技巧。

举例来说，创立了"纵横策略"的苏秦，向秦王热情进言数十次，但依然不为秦惠王所重用，连横之策对秦而言是最好的策略，为何会被秦王拒之门外呢？

原因之一是，苏秦选择时机不当，当时秦王正因采用说客的献策而失败，怎能还轻易听信他国说客的话呢？

原因之二是，苏秦当时装束破旧，不讲究表达方式，所以苏秦也输在了争取别人的方式上。

聪明的主管可从中归纳出争取下属认同、说服对方的一些技巧。

1. 选择恰当时机

动员部下投入工作，尤其是一项重要任务，一定要选在你的其他政策正在顺利实施，效果正佳之时，这才使下属充分相信眼前方案的可行性，不会人为地设置障碍或无端怀疑。

2. 注意说服技巧

在对下属布置工作时，一定要充满自信，显示出自己作为领导者的威严，客观陈述此方案利弊，注意逻辑性、使方案无懈可击，这样下属才能乖乖办事，减少麻烦。

可见，主管采用适当技巧争取下属，会使工作开展得更加顺利。

坚持就必须具有耐力，那么争权也不例外。企业主管争权就得具有超常的耐力，不屈不挠，坚持就能达到争权胜利。

打保龄球的人都按照自己的打法投球，以自己认为适当的步伐向前迈步，步伐稳健，绝不左右摆动，眼睛总是死死地盯住目标，当球抛出去以后还一直看着它的滚动，但结果只打倒了 4 个瓶。怎么回事呢？有什么不对劲的地方吧？看上去一切都很正常，那为什么没有把瓶全部打倒呢？

"你的球抛得没有力量，"他的教练说，"没有力量的原因在于你在抛球之前没有使足劲，没有把你的力量坚持到最后。"

这样的话几乎成了高尔夫球教练、棒球教练、足球教练、商业和企业里的执行人员、管理人员、工头和监工的口头禅，他们几乎每天都要说这样的话。

"你失败的原因在于你没有坚持到底！"

为了不出现这种情况，你可按照下面这两条技巧去做。

1. 全力发挥你最初取得的成功

在战争中，最后的胜利往往归属于有能力利用自己最初的优势坚持到底的指挥官。一旦防线被打破，对方就要向后撤退，这就是彻底消灭对方的大好时机，没有组织的溃退之军是容易追击歼灭的。

在商业中也是同样的道理，当你卖给一个人一套衣服以后，不要就此停止，要穷追不舍，再卖给他鞋子、袜子、领带、衬衣等。

在汽车工业上的最大利润并不是在把汽车卖出去的时候获得的，聪明的推销人员乘胜追击，动员顾客购买各种各样漂亮的附件，从立体声音响、带有前后扩音器的调频收音机到带有按钮控制的电源天线等。

这种坚持到底的思想不仅适用于商业，也适用于驾驭人。你可以尽量利用你最先取得的成功进展，毫不歇脚地全力坚持下去，只有这样你才能确保取得全面的胜利。

2. 确保你的不断成功

如果你已发挥出了你的全部才智，而且准备长时期地处于出类拔萃的地位，你就得积蓄足够的力量坚持到底，并确保你不断成功。

例如，年轻的音乐团体来来往往层出不穷，平均每一百个顶多有一两个能存在一年以上。这是什么原因？正像一位深受欢迎的电视节目主持人所说的那样："他们没有能让观众持久发生兴趣的东西，顶多能唱上一两支像样的歌，之后就没有新东西了，所以只能博得人们的一次喝彩。"

如果你能坚持不懈地保证你不断地成功，你就可以避免这种僵死的局面。为了达到这个目的，你必须付出额外的努力，首先必须坚持不懈，只有这样，才会百尺竿头，更进一步。

# 管理者切忌以权谋私

有权在身的管理人，认为有权就有一切，目中无人，为所欲为，把公司当做了自己的家。胡花乱造不说，利用手中的特权，谋取私利，对于此种情况，我们一定要严肃对待。

要真正做到公私分明，大事要坚持，小事也不能糊涂！否则，小事糊涂和大事糊涂在本质上并没有什么区别。

凡事只顾自己的新职员，常常会想："他们占尽便宜，我大概只有吃亏的分吧！"有志做主管的人，应该连一个信封也要公私分明。

新职员对上司们所拥有的交际费，常常会产生怀疑。因此，拿交际费去和客户应酬也应该有个限度，否则便会招致后进人员的怀疑了。

在过去，利用交际费使交涉有利的做法，向来很通行。但是在今后，不用金钱而用诚意和努力以赢得对方的信任，将成为更好的做法。因此，如果一个人很能干，而交际费大把大把地花，就不适合做管理人了。

特别是在这不满与怀疑充斥的社会里，做一个管理人，只要有一点点不能公开向大家交代的地方，就无法获得后进人员和下属的心。

年轻人对管理人的日常事务都非常敏感，一旦发觉管理人有不廉洁的事，嘴里虽然不说，却会牢记在心中。以后即使管理人跟他说一堆大道理，他也只会在心里反驳或冷笑。总而言之，滥用交际费，或者在交易的对象身上花许多钱以达到目的的时代，已经过去了。而且对这种做法怀有反感的年轻人也越来越多。如果想要获得这些后进人员的信任，就必须避免太过大方地使用交际费来进行公事上的应酬。

不管是为了工作或者是为了公司的客户，只要一到饭店或酒吧等地出入，后进人员怀疑的眼光便会集中在他们身上。他们固然也会认为这种上司很能干，但还是觉得不能太信任他们。所以这种人虽然很擅长与外面的人交涉，但是却不能做个好管理人。

有一阵子经济不景气，使一些小企业都破产了。但有一些他们的同业，一向都能严守公私分明，上自董事长，下至普通职员，每一个人都厉行这种原则，这些公司便绝不会破产，因为它们的劳务管理非常优良。

也就是说，如果从公司的最上层到最基层都能有这种"不浑水摸鱼"的观念，上下一心，同甘共苦，那么所有员工，都不会有怀疑心理的。

如果每个员工都认为："在我们公司里，上自董事长，下至员工，不论哪一位都公私分明"，或者"我们主管没有不可告人的账目"，那么这个公司在不景气时，劳资双方便能结成一体。即使职员被削减薪水或奖金，也会因为相信公司的处境，而不会怀疑有什么"隐私"，反而更会产生"哎呀！这阵子营业情况不好，大家都必须加油才行"的想法。

有的上司会让人家怀疑：他是不是收取回扣，他是否谎报交际费？虽然没有证据，但是行为可疑，一旦被人蒙上这一层阴影，大家便会对他的好感大打折扣。

此外，用公费去交际、喝酒，也是造成表里不一的原因。而用公家的电话闲聊私事，或者写私人信件时贴上公家的邮票等，这些小事都能慢慢使人对你的好印象变坏。

在往后的公司业务处理中，自己想占便宜的作风，是绝对行不通的。现在大家已经有所认识，必须以合理的方式来利己，绝对不容别人讨便宜。公司里的同事、领导的眼睛都虎视眈眈地注意看着。聪明的人是绝不会揩公司的油、占公司便宜的人。因此，你一定要让领导、同事和后进人员都知道你是绝不贪私的人。

也许有人会说："水至清则无鱼。"人太清廉自守，周围的人便不会来亲近你。但是在现代，由于"占便宜"的人很多，而"不占便宜便是吃亏"的想法也蔓延很广，因此能坚持清廉的人，才更能赢得大家的信任。

所以，"水清无鱼"又何妨？在这个时代，能与众不同地散发出廉洁的芬芳，才是重要的，也只有这样才能赢得后进人员的信任。

在现代社会，用来获得别人信赖的，究竟是什么呢？是手腕吗？经历吗？请人家喝一杯吗？这对价值观多元化的后进人员而言，是很难弄清楚的。但是如果你能保持清廉，便会带给你意想不到的力量，而成为后进人员对你心服的原动力。

所以你做事时必须清廉，才会成功。如果不干不净的话，一切都等于零。而你的经历中如果稍有贪私的地方，便会使人觉得一无是处。

做一个管理人，一定要戒贪，即使只是一个小小的主管，也仍是领导者。

# 第八章　漏洞标本兼治：
## 以提高成效为大任，对症下药

　　管理公司，没有成效是不行的。合格的管理人总是以提高成效为大任，每天都在想办法改变工作效率低下的弊病。抓效益，要从具体的工作环节开始，越是做不好的事，越要做好。因此，"对症下药"是管理人的本领所在。

# 找出最有效、最适合的管理模式

身为管理人，最重要的是如何让自己成为一个成功而有效率的管理人。尤其是作为一个有效率的管理人就必须要能够适应现状，要适应现状就必须要：

1. 好好地掌握现状。

2. 好好地掌握周围的需求。

3. 对于现实的期待，予以妥善的回应。

这是很重要的技巧。说得简单些，就是管理人必须要明白：自己站在什么立场；什么是自己非做不可的事。

而依据这两个原则，时时做出最恰当的对策。

然而，大部分的管理人都是比较关心如何提高自己的业绩（即如何做一个"成功"的管理人）。为了以最快捷的速度达到预期目标，他们不是对部属采取迎合的态度，就是强迫部属接受自己的想法，常会忘了要好好地掌握现状，好好地掌握周围的需求。在这种状况下，自然没有时间好好地思考自己站在什么立场以及什么是自己非做之事。

因此，自己的努力得不到相对的回应，不但业绩无法持续成长，也得不到部属的信赖，所得到的只是眼前的业绩提高。由此可见，一个有效率的管理人必须要掌握现状以及周围的需求，如此才能使业绩持续成长。

美国经济管理大师彼德·F. 杜拉克在他所著的书中提出的精辟见解，对于私营公司管理者有参考价值。他认为："管理者运用人的长处，面临的第一关即在于择人。"

有效的管理者择人和升迁，都以一个人能做什么为基础。他的用人决策不在于如何减少人的短处，而在于如何发挥人的长处。

由于培养和留住人才不易，近来私营公司风行自我管理、责任赋予的管理哲学，通过充分授权、鼓励员工自我考评的方式，设法为私营公司留住中坚人才。

某地区麦当劳推出的区分责任区域制，由于效果显著，更强化了麦当劳采取自我管理的管理哲学，给员工更多的发挥空间、工作弹性，并且培养员工自我规划、实践、充实的能力。

某地区麦当劳餐厅总裁李明元说，麦当劳目前将全市分成4个区域，各设开发小组及营运管理委员组织，由协理、经理和管理人级管理干部担任管理人或委员会主席，负责责任区域内的门市开拓规划、经营管理等。

他说，这些管理人到各区担任管理人后，就得全权负责各区的营运发展，不仅要达到总私营公司的开店、营运目标，还可以自行规划、建议各种市场行销方式。

由于许多决策过程化，不必所有的门市都等待总私营公司的指令做事，使得私营公司的办事效率提高不少。

短短半年之内麦当劳增加了近40家门市。李明元说，如果采取以往由总私营公司掌控所有门市拓展的作业流程，40家门市的设立必须花费颇长的时间，如今半年内即有此成绩，就是因为私营公司让各区做良性竞争的效果。

统一私营公司最近也流行"绩效面谈"管理模式，就是让经理和管理人与员工"定好彼此同意的目标"后，让员工定期自我评鉴，方便员工做意见陈述，也让经理和管理人在考核员工的表现时，可以有不同的观察角度，以更积极的态度面对人力资源管理问题。

统一私营公司指出，由于绩效面谈让员工有自由发言、阐述工作表现的机会，等于给了员工和经理和管理人互通的渠道，因此无形中给员工自我监督、考核的压力，这样在尊重员工的前提下，更容易凝聚员工对私营公司的向心力。

食品业者近来也不断加强与员工的互相沟通关系，让员工有充分发挥作用的空间，也有向上表达意见的机会，以适当的传递渠道，协助员工缓解工人压力或情绪，增加员工自我管理、实践的训练，也让私营公司尝试运用不一样的管理方式，设法找出最有效、最适合的管理模式。

## ↘ 让分配工作成为你的强项

面对各个工作环节，各种不同类型的人，如何分配工作？怎样分配工作既让员工信服，又不失魅力呢？答案很简单，就是身为管理人的你一定要成为分配工作的内行，否则，你将处处受阻。

分派工作就是把工作分别托付给其他人去做。这并不是把一些令人不快的工作指派给别人去做，而是下放一些权力，让别人来做些决定，或是给别人一些机会来试试像你一样做事。而有许多管理人都不愿意放下他们原先的工作，而是把更多新的责任加在自己身上。但事实上，不卸下旧担子，又背上新的包袱，你就会被累垮的。

要分配不同的工作给员工，同时每一位员工都有各自不同的才能和资质，这样，分配工作的结果则可能是一部分工作有的员工乐意做，而另一部分工作却无人去做。但是，既定的工作总得完成，要怎么样才能把工作安排得妥妥当当，就得看你这位管理人的道行了。

作为管理人，分配工作前，首先应想到这么一个问题：为什么对我来说把工作派给别人去做是件如此困难的事呢？下面就是些可能的原因。

求全求美的思想在作祟。如果你把一件本来自己可以干得好的工作派给别人做了，就达不到你可以达到的水平了，或者不如你做得那么快，那么精细。由此，就不想把工作派给别人做了。

忌妒占据了心灵。如果让别人来做，也许别人会做得比你好，由此，你便担心他最终会取代了你的位置，而只能把一些常规的工作让别人做。

放弃了职责就无事可干。因为害怕在把工作分派给别人做了之后就无事可干，所以对芝麻绿豆大的小事也不愿放手让别人去干。

你没有时间去教别人如何接手工作。工作中，如果没有一个得力的助手，凡事都须问过，这样，你要自己干的事将会比别人做时多得多。

没有可以托付工作的合适人选。这是管理人为不分配工作而找的最平常的理由。这并不是说，在所有的员工当中真的没有一个人可以胜任这项工作，而是要不太忙，要不就不愿意干分配给他的工作，再不就是别人认为他能力不够，因此，总是找不到合适的人选。

作为管理人，上面所出现的情况就应尽量避免，你是一位掌权者，你理应意识到，只有当你确确实实分派工作给别人干时，你才能有更充裕的时间去做一些有创意的事情。

卡内基本人对钢铁的制造、钢铁生产的工艺流程，照他自己的话说，知之甚少。但他手下有 300 名精兵强将在这方面都比他懂，而他仅仅只是善于把不同的工作合理分配给具有不同所长的员工来完成，这样，由于他知人善任，分配工作内行，也就笼络了许多比自己能力强的人聚集在他周围，为他效命。最终，卡内基获得了事业的成功，登上了美国钢铁大王的宝座。

在你分配一件工作之前，你应该分析一下你自己的工作担子有多重；分析一下你部门里可以利用的资源（人力、物力）有多少；考虑、分析一下你所有可能做的选择；挑出那些你直觉上感觉不错的，逻辑上也行得通的选择来；开始做它们；而且当一项工作完成了之后找出结果来。于是，工作分配的准备工作就做好了，接着就要运用一些在分配工作中经常用到的指导原则和方法来指导你进行工作。

以你所希望的结果为基础分派工作，并告知员工工作的程序及步骤，让他们了解，什么是必须做的，而又应当如何做。同时，要给予充分的信息和资料。

制定工作评估的标准。作为员工，他需要了解你对成功地完成一件工作的标准是什么，只有这样，才能更好地完成工作任务。

放手让你的员工亲自调查并采取行动，或是让他们调查后告知结果，由此让你参照调查结果制订计划，重新分配工作。

让每一位员工都发挥各自不同的潜能。作为管理人，你分配工作的对象是一群人而并非一个人，这样你就应当了解每个员工的实际情况，给他们机会来证明自己的能力。分配工作还应按部就班，不可操之过急。

下面是一位管理人考虑把一项任务分派给一位员工时，他们之间可能发生的谈话。

管理人："汤姆，我觉得你很有上进心，工作效率高，我非常欣赏你，我现在想让你管理一个项目，你觉得好吗？"

汤姆："我不知道能不能干好。是什么事呢？"

管理人："是这样的，一直以来，我一直在为先把谁的报告打出来之类的问题做决定，而我做决定的原则是按先后顺序，先交上来的先打。但是，已经有人在抱怨我一点也不注意事情的大小和紧急与否。

所以我想，你能不能试着搞出一套方法来解决这方面的矛盾，包括对紧急事态的处理？"

汤姆："嗯，好吧，让我想想。那么，你想什么时候把计划拿到手呢？"

管理人："两三天吧，行吗？"

汤姆："好，那我试试看吧！很高兴你能给我这次机会。谢谢。"

管理人："好好干，祝你好运。"

从上面这则对话里，我们看到了一个有关怎样分派工作的很好的例子。怎么样，现在你应该了解，怎样才能成为一位分配工作内行的管理人吧！

这里只是从实用角度出发谈到了分配工作中的一些常见问题，给管理人一些有建设性的意见，其实分配工作是一门很系统的学问。

## ↘ 激发员工干劲的方法

作为管理人，仅仅了解员工的内心愿望还不够，不要以为多发奖金，多说好话就能调动员工的积极性。人是很复杂的，要让他们为你卖命工作，需要你施展更细微的手段。

有几个方法可以让下属的需求获得充分满足，同时又能激发他们的热情和干劲，提高工作效率。

1. 向他们描绘远景

管理人要让下属了解工作计划的全貌及看到他们自己努力的成果，员工愈了解公司目标，对公司的向心力愈高，也会更愿意充实自己，以配合公司的发展需要。

所以管理人要弄清楚自己在讲什么，不要把事实和意见混淆。

下属非常希望你和他们所服务的公司都是开放、诚实的，能不断提供给他们与工作有关的公司重大信息。

若未充分告知，员工会对公司没有归属感，能混就混，不然就老是想换个新的工作环境。

如果能获得充分告知，员工不必浪费时间、精力去打听小道消息，也能专心投入工作。

2. 授予他们权力

授权不仅仅是封官任命，管理人在向下属分派工作时，也要授予他们权力，否则就不算授权，所以，要帮被授权者清除心理障碍，让他们觉得自己是在"独挑大梁"，肩负着一项完整的职责。

方法之一是让所有的相关人士知道被授权者的权责；另一个要点是，一旦授权之后，就不再干涉。

3. 给他们好的评价

有些员工总是会抱怨说，管理人只有在员工出错的时候，才会注意到他们的存在。身为管理人的你，最好尽量给予下属正面的回馈，就是公开赞美你的员工，至于负面批评可以私下再提出。

4. 听他们诉苦

不要打断下属的汇报，不要急于下结论，不要随便诊断，除非对方要求，否则不要随便提供建议，以免"瞎指挥"。

就算下属真的来找你商量工作，你的职责应该是协助下属发掘他的问题。所以，你只要提供信息和情绪上的支持，并避免说出类似"你一向都做得不错，不要搞砸了"之类的话。

5. 奖励他们的成就

认可下属的努力和成就，不但可以提高工作效率和士气，同时也可以有效建立其信心、提高忠诚度，并激励员工接受更大的挑战。

6. 提供必要的训练

支持员工参加职业培训，如参加学习班，或公司付费的各种研讨会等，不但可提升下属士气，也可提供其必要的训练。教育训练会有助于减轻无聊情绪，降低工作压力，提高员工的创造力。

# ↘ 灵活调控的各种策略

一份令上司满意、令自己自豪、令下属鼓舞的计划产生了，但若不组织实施，则如同一张白纸没任何意义。若不调控，则如同断线的风筝，使希望落空。所以，与生产计划紧密相连的工作应是进行生产指挥和生产控制，具体包括：

1. 把本部门的实现目标和计划向下属进行解释。

2. 消除下属中关于工作需要、工作安排以及他们的工作如何和本部门及公司相联系等方面存在的误解。

3. 落实计划、发布指令、安排工作、进行生产调度。

4. 协助下属解决与工作有关的问题，并接受咨询。

5. 作业计划的必要调整。

6. 临时生产任务的组织控制。

7. 与下属保持沟通，并向他们提供一些重要信息。

8. 全面、准确地掌握生产情况。

9. 及时并有效地发现、分析、纠正生产中的偏差。

10. 及时、公平地鼓励或惩戒下属的行为。

11. 就本部门的工作以及需要上级部门采取行动的问题，向上级管理部门报告。

12. 倾听下属的建议和批评，处理下属抱怨和不满的问题。

13. 发现和培养人才。

14. 调度的软件、硬件建设。

需要特别强调的是，生产部门管理人行使上述职责，最终是要实现生产的安全、文明、高效率、高品质、高效益。所以，从管理内容来说，首先，生产部门管理人对信息要敏感。如果对影响生产正常进行的一些情况熟视无睹，或者当事情发展到严重程度时才发现，就谈不上有效地指挥和控制。

其次，生产部门管理人要勤听、勤问、勤动，而且要善听、善问。见到下属打声招呼，亲切地问问、听听，可以随时获得信息。至于勤动就更有必要了，总是坐在办公室里，你发现的问题就只能是报告上来的问题，这在数量上和质量上都是有缺陷的。你可能很难及时发现和解决问题。"做走动的管理者"，有位管理大师曾这样告诫过。

最后，生产部门管理人要提高判断力。在你得到的大量信息中，可能有真有假，有正确的也有错误的，有确定的也有非确定的。所以，作为生产部门管理人一定要有去伪存真的能力，能及时发现报告中或信息中的问题。若准备利用某些信息，最好再次核实一下这些信息的准确性，只有掌握了正确的信息，才能有正确的指挥和控制。

# ↘ "因人设事"与"因事设人"对立

处理人事关系是管理人案桌上的大事，因为它属于开发人力资源的问题。解决不好这个问题，你就会被拖得精疲力竭。

简单地说，每个人都有自己的特长和弱项，然而一个办公室或一个公司里的职务就是那么多，如果根据取长弃短的原则给每个人安排一个职务，显然是不可能的。如果硬要安排，只能是形同虚设，毫无意义。

所以，高明的管理人善于因事设人，而不会因人设事；他会尽量坚持取长补短的原则，给每个下属安排一个最适合的职务，但又不顺从他们，而是在职务的限制下自由发挥。这就是因事设人。

"因人设事"之所以与"因事设人"相对立，是因为它们体现了两种不同的用人态度和方法。公司管理人不应该漠视公司的实际需要而安置"多余人"，安置"多余人"只能给公司带来人浮于事的不良效果。因此，"因人设事"是公司管理人不可不重视的戒律，而以"因事设人"为行之有效的用人原则。这就要求根据工作岗位的要求来挑选合适的人选，把合适的人才聘用到合适的职位上工作，加速公司工作效率。

一般来讲，"因人设事"有以下弊端：

使公司管理出现人员"拥挤"的现象，从而使公司效率低下；给公司管理带来复杂的人际关系，以至于形成"关系网"；由于人浮于事，从而使公司的具体工作没有秩序，没有标的；会把公司的本位工作置于次要地位，而夸大人情的作用；会使公司在复杂的人际网络中逐步失去内在的活力和竞争能力；会使公司人才遭到创伤，因为不正常的人际关系会制约有用人才发挥作用；会给公司岗位职责带来破坏作用；会给公司带来"僧多粥少"的管理困境，从而造成经济效益短缺，财政支出浪费的现象。

"因人设事"的弊害非常多，最致命的一点是给公司恰如其分地运用人才带来负面效应，从而使公司彻底丧失内部管理机制，出现任人唯亲的恶果。

一位对公司抱有责任感的管理人，千万要在"因人设事"与"因事设人"两方面做出正确的选择，否则就会重创公司发展的活力。

与"因人设事"相对立，人要因事而设，这是不言自明的道理，具体做法是：

1. 各就其位

事业为本，人才为重，人事两宜是用人的重要原则。人事两宜，包括两个含义：第一按照需要，量才使用。社会的发展不仅迫切需要各方面的人才，而且也为发挥人才的作用开辟了广阔的道路。挤压人才，用非所学，不把人才分配到最能发挥其专长的地方去，强人所难，就会影响公司的发展。第二要了解人，而且要了解得彻底，还要有全面的观点，在使用人才时要职能相称，量才适用，适才所用。人才是有不同层次和类型的，要做到大才大用，小才小用，使相应的人才处于相应等级岗位，把人的才能、专长与岗位、职务、责任统一起来。

选人用人的时候，不仅要考虑全局，教育人们服从需要和分配，而且必须考虑人才的志趣、特长、气质、能力，做到合理使用，让每个人去干自己最擅长的工作，为他们提供充分施展才能的条件和机会，不要强人所难。这样既能避免大材小用，造成人才有余，浪费人才，也能避免小才大用，才不称职，贻误工作。

## 2. 尽其所长

高明的管理人在管理人才时，总是根据人才的潜能、特长和品德合理地使用他们，分配给人才使用的权力必须足够使其发挥作用，如果出现错误，结合其优势督促人才合理改进，人才自然会愉快地接受。如果分配给人才的职位，根本不能发挥他们的才能，在这种情况下，人才连适应都来不及呢，哪里还能发挥什么天才呢？

## 3. 因人而异

用人需根据人才的条件进行安排，人才发挥作用建功立业也同样需要有客观条件，条件不具备时，人才即使有再大的能力，也会徒劳而无功，发挥不了作用。另一方面，人才各有不同，有的人善于按最高管理者意思做事，能做到这点时，他不很容易满足；有的人志在管理好全局，全局管理好了，他就会高兴；有的人懂得管理社会事务，懂得什么事现在可以做，什么事将来可做，善于适可而止，长远安排；如果能辨别以上各种情况，那么这个管理人才能真正称为伯乐。

管理人要做一个现代的伯乐并不难，只要你在人与事的主次上恰当把握，就会做到因事设人，而不是因人设事。这样就会使公司形成每个人都能胜任自己的工作，每项工作都有合适的人来完成，从而提高公司工作的整体效益。一个公司要充满生机，前提是人人有其责，事事有人做，时时见效率。而这正是因事设人的益处。

# ↘ 效率是管理人考虑的重要问题

效率是公司管理人考虑的重要问题，因为一个没有效率的公司，一定不会产生效益。甚至可以说，效率高与低是考评公司管理人的一个重要方面。

无论事先多么小心，每个管理人都会遇到生产进度问题。当跟不上进度时，你该怎么办？急躁，抱怨……其后果只能降低你在下属心中的地位，失去你的工作能力的魅力，与其这样，不如找出解决这些问题的方法，巩固自己的魅力。

当跟不上进度时，管理人应采取以下措施：

1. 立刻向高级管理层汇报。

2. 当管理人向高级管理层报告问题的时候，应当有一个补救行动的计划。高级管理层希望知道问题，但更希望知道解决问题的方法。

3. 揭示引起延误的原因。只有知道了症结所在，才能解决问题。

4. 进行调整。

5. 召开一个部门会议，征求大家的建议。

6. 如果不能纠正整个问题，就寻求妥协的办法。

7. 如果别无他法，失去的时间不可挽回，就向高级管理层提交一份修订过的日程表。

总之，正确掌握处理过程缓慢问题的方法，才能证实你的魅力与实力。

有些管理人工作起来老是觉得时间不够用，做完这项工作，那项工作的时间又不够用了。因此，合理利用工作时间，往往是一名优秀的公司管理人必须注意的问题，否则，浪费了许多时间，工作又做不好，你的管理能力、魅力又从何谈起呢？

"时间是一种最稀有的资源"，这是美国管理学家杜拉克的一句名言。

当你工作、学习十分忙碌时，往往惜时如金，集中自己的大部分精力而抛弃一些生活琐事。然而，有时也会出现另一种状况：你拥有很多可以自由支配的时间，成了一位"时间富翁"。

这时候，你可能会出现哪些变化呢？

1. 意志消沉，丧失追求成就的欲望。

人都需要刺激，对于脑力劳动者的刺激，有赖于他的成就大小。

有限的工作无法塞满多数人拥有的时间，一些被成就欲驱使的人遭受挫折，有身份意识的人变得神经过敏，大家都对自己身为专业人才的价值非常担心，士气衰退。

2. 为了消磨过剩的时间，对本是正当的爱好、娱乐失去分寸，无度地消遣，以致影响工作和学习。

每当闲暇的时候，打打牌、弈弈棋、聊聊天、逛逛马路，本来都是积极休息。但是，一上手就放不下，一连几小时，甚至通宵达旦，常年如一。

3. 对正常的刺激反应过度，试图借此消磨时间。

在青年中最常见的是爱看热闹，喜欢瞎起哄。当时间多得使人感到寂寞时，偶尔有点小事，便会产生夸大的效应。

马路上稍有动静，急忙赶去围观；一听有人争论，就怂恿别人打赌。

4. 成为一个慢性子。

说话、走路、吃东西、办事情，都是慢吞吞的。因为时间太富裕，就失去了时间的压力，没有紧迫感，以致作风拖拉，磨磨蹭蹭，办事效率不高。

5. 产生病态的心理，甚至出现某种越轨的行为。

据资料反映："青少年不良行为大多发生在放学、下班和假日的时间里。"青少年的特点是好奇心重，求知欲强和"精力过剩"，当过剩的时间得不到正当支配时，就可能去赌博、打架、搞迷信活动、投寄无头信件，以及在异性交往方面行为不端。

那么，怎样才能防止时间过剩，以致有效地转化和使用时间呢？

下面提供的几种方法很有参考价值：

凡事都要准时。准时上学、准时开会、准时赴约、准时到职……情人之间如果不能准时赴约，将可能产生误会，甚至引起不必要的争吵，而影响了感情。

善于见缝插针，抓紧一切零散、空闲的时间。例如在坐轮船火车长途旅行时，可以看看小说，阅读你感兴趣的书报，背诵外语单词；当你排队看病、等待理发时也可抓紧学习。

养成脑勤、手勤的习惯，凡是今天要办的事，决不拖到明天。身边随时携带和准备一个简要的备忘录，记下每天要办事的要点。

对一个管理者来说，十分重要的是要精简会议，发言简明扼要，要善于集中零零碎碎的时间。

# ↘ 管理者应对员工有准确的了解

身为一位管理人最好不要太过于自信地认为自己对部属非常了解。而要了解部属最好的方法，就是秉持不知情的谦虚态度，以一颗敏感、好奇的心去仔细看他们的一举一动。

人有时连自己的事情都不太能了解，所以，即使对多年的朋友都还会充满许多迷惑。因此，到底主管要如何开始认识部属？以及如果对部属稍作了解之后，应该采取哪种行动？尤其需要评估认识部属的动机，到底是对公司或是部属或是对自己有所助益？诸如此类，都是一位主管经常会感到的苦恼问题。古人曾说："士为知己者死。"在此所说的"知己"当然不能只凭粗浅的外表就可以了解。反过来说，一位主管如果能够知道如何了解别人，那么不管在工作方面或是人际关系方面，都可称得上是一流的管理者。

你对部属的了解情况，可分为下列几种程度。

初级程度——就是熟知部属有关个人各种事项，包括籍贯、学历、工作经历、家庭环境、兴趣、特殊技能等。但是，知道这些事情并不意味真正了解部属，一位主管必须能够知道部属内心对工作所持的态度、热情和诚意，才称得上是了解部属。当主管能够与部属产生同感，或是他们认为"主管了解我"时，对部属才算有了真正的初步了解。

中级程度——当部属面临新的情势时，主管可以就本身对部属的了解，猜测部属所会采取的对策，或是给予适当的建议。

高级程度——就是能够灵活应用部属。具体来说，当托付一个非常重要的任务给部属时，可以让部属产生不畏艰难的精神去勇敢面对所处的困境。主管如果能做到这点，不仅会受到部属的敬重，也会受到世人的肯定。

那么，你对部属的了解达到了那种程度呢？相信你一定心中有数。如果对下属的了解还不够，就请努力吧！

一般来说，在与下属接触时，我们要注意以下两点：

**1. 不要被表面现象迷惑**

当然你要对部属做深入的了解，首先本身要设身处地地了解他们的心情，并且让他们也能谅解你所处的立场。

或多或少都会有些人非常能言善辩地把死的说成活的。"部长，昨天的报告大功告成了，场面非常盛大，非常热烈，而且参加者都非常感动，并表示希望近期内尽快再举办报告会。"

如果是对此深表满意"哦！非常好。"那么你就是被部属愚弄而不自知了。如果是稍微敏锐点的主管大概就会这么问吧："昨天有多少人参加？比起上次，人数增加还是减少？增加多少？减少多少？有没有做问卷调查？有没有人有意见？"

如果是一位冷静的主管，大概还会打电话给到场参加的人，慰劳一下，道个谢致个意，并趁机问一问他们对这次活动的感想和建议。而最后他可能会发现其实活动举办的方式因为流于形式化且缺乏积极的参与感，参加者的人数已逐年减少，其中除了部分较热心的老面孔之外，大部分都兴趣索然。

其实这里说的"冠冕堂皇"的反映，指的并不是说这些反映全是胡说八道，只是说有些地方部属夸大其词。如果你不假思索照单全收的话，有时会下错误的判断。大多数容易被部属左右的主管都是非常善良的老好人，不善论理且拙于掌握实际问题。

"我们科里的人际关系不和谐？不可能，这是谁说的？我们每次开会气氛不都非常和谐？用抽签、轮捐出来的钱大家分来吃点心、旅游的时候大家也都开开心心地唱歌跳舞……"

实际上每次开会时都是科长一个人在唱独角戏，只有他一个人希望气氛和乐融融，而且平常大家都是趁科长不在的时候说坏话，这也是因为大家想对个性啰唆、小气且死板的科长表示抗议，其实每次旅游时表演的那些人永远只局限在一部分，或者是那些被科里其他同事讨厌的那些人。

像这种容易被少数会拍马屁的部属蒙蔽的主管大部分都有点以自我为中心，刚愎自用的倾向，而且往往都太过自信，容易自我陶醉。在这种人的手下做事，拍拍马屁、奉承奉承也许很容易，但如果要用这种人的时候就必须非常小心了。贸然相信这种人的话可能就会遭殃。身为一名主管若想要不被这种人的自我吹嘘唬住，不让公司充斥不实的气氛，顺利开展公司的业务的话，最少要注意到下列几点要素：

①以不伤害对方的自尊心为原则，客观、冷静地调查事情的真实情况，并且要告诉对方。

②最好不要用你提出意见的形式，而用两个人商议后达成协议的方式归结出应对对策。

③问一下双方共同的上司或是能够提出公平看法的第三者，看看他们的意见如何。

2. 看穿谎言

年轻员工常会认为如果不把可以请的假通常请光就太划不来了。去滑雪他要请假、宿醉（对外他宣称自己肚子痛）他请假、和女朋友约会（他可能告诉别人的理由是说自己要参加亲戚的忌日或婚礼）他也要请假。

作为一个主管最怕的就是他们撒谎请假。一定要教他们说明真正的理由然后安心地去放假。如果主管不特别注意那些常请假的部属，有时候可能会遇上非常棘手的问题。譬如一个男职员非常热衷赌赛车、赌马，最后他竟然挪用公款。其实事情是有些蛛丝马迹可循的。在职时他常常请假，而他的主管竟然一点都没注意到。因此，碰到这种情形，主管应该要仔细记录部属的出席情况，仔细问清楚他请假的理由。

以前还有过一个实例，有个人胃不好常请假休息。因为他事后都会开医生的诊断书，你因而一直没有察觉到，其实他是因为在工作时和同事有些摩擦，心情不开朗导致精神衰弱，后来是因为他几次自杀未遂，去医院接受检查时才真相大白的。这件事如果也能早点发觉，就不会演变到这么严重的局面了。

要探究事情的真相，当然必须费些心思花些脑筋才可以。

①和他本人谈谈或者是去问他的朋友情况到底怎么一回事。

②去他家看看情况，偶尔也可以打电话过去谈谈。

③拜托别人帮忙观察。

④问他的父亲或老师（如果已结婚可以问问他的配偶）。

⑤仔细稽查和他有关的资料，例如文件、账册、业务日志、统计表等。

而且你必须特别注意自己的出发点和动机，全是为了他好才诚心地想弄清楚事实的真相，并不是因为怀疑他的品格问题。

如果是年轻人一时的误入歧途，即使伤得再重，只要他本人愿意回头，一切为时未晚，如果是中年之后走错路，就不太容易回头了。

除此之外，中老年龄层的员工们已常因为体力渐衰，引起神经方面的疾病，或是罹患神经性消化器官等毛病休息请假。遇到这种情形，当事人往往总是碍于颜面不敢就医。这时候你就应该积极地介绍这方面的权威医生，让他们认识，或者就干脆带他到医院去接受正确的治疗。早接受专家的诊断并切实遵守医生的指示，是恢复健康的不二法门，拖延只会加重病情。

总之切记：这些问题的解决之道不在保全面子问题，诚心地实行才是解决这些问题的不二法门。

## ↘ 对经验为零的新员工负责

没有任何社会经验，以白纸般的状态进入公司的人，最容易受到最初分配的主管和老员工的影响。同时，依据管理人为人处世态度的不同，有些人可以顺利地成长，有些人却如前面所说的那样，完全受到扭曲。

管理人对部属的一生负有责任，尤其对新进员工，更是如此。因为他们对社会完全没有经验，感知性又特高，同时，对坏的想法或行为完全没有防备之心。因此，管理人对他们的责任特别重大。

栽培新员工，大概可以分为两个要点：

1. 教导他处理工作的方法。让他先做难度比较低的工作，然后再按合理的顺序给予新工作；让他能产生身为企业的一分子。所应有的自信或使命感，并且，尽量让他在短期间内就能产生这种感觉。

许多新人会认为，自己尚未能为公司贡献业绩，所以是公司的负担，因而产生潜在性的自卑。你应该尽快消除他们这种自卑，并使他们对本身的工作产生兴趣。这就是有关工作方面的教导目标。

2. 教导成为组织成员所应具备的基本条件。所谓的基本条件，就是使一起工作的其他同事都更容易工作。所以必须遵守共同规则，如报告、联络、说话的方法和态度等。新进人员通常都不知道组织成员所应有的行为，因此要把这些事都教给他。如果他无法做好这些事，就要重复地提醒他，直到他毫不考虑地就能自动实行的地步为止。

组织成员所需具备的基本条件，应在新进时期尽快地学习。因为随着从业年龄的增长，学习所需花费的时间也会增加，而最令人头痛的问题，就是基本条件有所缺陷的资深职员或主管。因为他们无法获得周围同事、部属的信赖，所以容易孤立自己，因此纵使有很高的才华，也无法发挥，最后也只得到很低的评价。

在企业界中直接接受新员工的时候，管理人有关教导的社会责任非常重大。要尽一切的力量，来教导那些充满干劲的新人，让他们尽快学到工作的方法，同时对工作产生兴趣。

在培训新人方面，第一个特别要让他了解的事情是：让他知道薪水并不是由公司所付给，而是从顾客那里所获得的。

通常来看，公司的创业时代都是非常艰苦的。最初要一家一家辛苦地开发客户，后来好不容易获得经年的信用，才能有现在的公司存在。在创业时期的人，大概都感觉到：所谓的客户，是多么的宝贵。

但是，在公司为了客户而扩展的时代里，从发展途中进来的新人眼中所看见的，似乎本来就有客户，用不着出去推销也会来订购，并且认为这种情形是当然的情形。有些新进的人还会发生错觉，认为是因为主管的力量，才会有客户来订购。

因为新人什么事情都不懂，所以如果你没有给他特别的教导，他就容易产生上述的想法。这种错觉的危险性，特别容易在大企业或生产企业中发生。

要知道，自己的薪水是从客户的货款中给付的，如果没有客户，连自己都无法存在。事实上只要想一想，任何人都能知道这件事情。但是，一定要教导新人，否则他就不会去想。因此，如果没有指导新人这方面的认知，很可能他会对客户说出不该说的话；接电话的时候，也可能抱着没有礼貌的态度，甚至在走廊遇到顾客也不会表示敬意，反而走在中央，一点也不让路。

企业的目的就是替顾客工作，也就是以提供更好的优质商品和服务为目的。当这个目标达成的时候，自然可以从工作的报酬中得到利益，也能获得奖金。像这种事情，是在营业部门等第一线上的人特别能感觉到的事情。但是在研究开发或设计生产和事务部门的人，因为不会直接产生这种现实的感觉，所以容易失败。

培训新人的第一步就是要充分培养出感谢的心情，然后，要教导新人把这种感谢的心情用自己的态度和行动来表达出来。普通新人对顾客的宝贵仍然没有足够的认识，所以必须先把这件事情当成基本条件来教导他，等他逐渐成长之后再强化这种认识。是否能充分地教导新人，影响最大的是工作场所中先辈对待顾客的实际态度。

在这方面，新人大都会模仿前辈的态度，所以客户回去以后，千万不可以在背后批评客户。如果某位主管或前辈这么做，新人会觉得感谢客户只不过是原则上的问题而已。最后更认为顾客只不过是我们生活的保障罢了。

首先，管理人要用自己的态度和行动来作为新进的榜样；并且经常强调有顾客才有大家的观念。如果新人有不理想的行为和表现，每一次都要严格地提醒他，告诉他应该要感谢顾客。你是否能彻底教导新进这件事情，就决定了这个公司将来的前途。

没有教导部属做任何事情，只是用自己主观的想法，认为他有办法做到，就让他工作。同时，如果部属做得不好，就显得很生气，像这种情形就有所偏差了。首先，你先要自己做给他看，仔细地教导他，说给他听，再让他去做，然后，再夸奖他。要不然部属就无从跟着做。

简单地说，你要亲自教导部属工作。

有些新人被分配到人手不足的忙碌部门去，马上就被当成工具来使用。主管没有充分地指导他工作，就让他自己去摸索。实际上这种做法根本不对，如果一味让新进人员做这、做那，就和普通做杂务一样了。

你要是没有亲自教导，只让部属自己想办法工作，最后，部属会按照他自己的方式来做，一旦失败就会失去自信，对企业产生厌倦。这种例子很多，也有些部属纵使很勤勉地工作，也会培养不出理想的习惯，影响到将来的处世态度。所以，原则上不可以一开始就委任工作给新人做，你要自己先做示范再让部属去做，然后修正他的错误，对于做得好的地方要加以赞许。如果连目的也不说，就让部属去做杂七杂八的事情，实在是很不合理的。

就这样，你应该作为部属模仿的对象，在生产现场或实务工作方面，做直接的教导。不过如果是营业部门的推销人员因为要面对顾客，就无法直接采用这个方法。然而原理还是一样的。先辈要带新进的人到顾客那里去，让他在身边观察交涉的方法；在回公司的途中，就回答新人所提的疑问。等新人习惯之后，再和他一起到顾客那里去，让他成为主角，和顾客谈生意；并且在回途中，对新人与人交涉的方法加以评价。

先做给新进人员看，等他做过之后才表示意见，是一件非常重要的事情。理由是要尽快让新人体验出工作的乐趣；假使新人按照自己的方式来处理事情，很可能因为他仍然不了解工作性质，而无法顺利进行，最后就对工作失去乐趣，并产生严重的挫折感。这样一来，他所踏出作为社会人的第一步，就会发生错觉。

第一步是最重要的，因此，最好的方法是事先教导从过去经验所得到的最好做的给新人，让新人按照这个做法去处理事情。等他成功之后，自然也会产生自信。

# 第九章 协调组织关系：
## 把矛盾都消除在萌芽状态

处理公司上上下下的关系，是一门很深的学问，管理人应该懂得如何协调好各种关系，把矛盾都消除在萌芽状态，让大家和和气气，互相协调，形成"一股绳"，把手头的工作都干得很出色。这就需要管理人巧于沟通，处处留心上上下下的潜在问题。

NiDe GuanLi GuiLingLeMa

# ↘ 协调好上下级关系

在公司内部的上下级关系往往是微妙复杂的，公司管理人一定要谨慎处理好这种关系，要跟下属保持良好关系。

有些管理人，总是习惯于随意役使下属，他们将下属视为依附于自己的奴仆。"我想怎样使用你，就怎样使用你。反正你归我管辖，你必须听我摆布。"在这种思想支配下，用人艺术之花枯萎了，用人行为模式僵化了，本来十分微妙复杂的上下级关系，被他们误以为是一种单向的屈从和使用关系。于是，在随心所欲、肆无忌惮的用人行为中，潜伏着令人担忧的危机。

事实上，上下级关系，呈现出一种十分微妙的变化格局，它是建立在双向选择、双向支配基础之上的。在两者之间，至少存有以下多种复杂关系：

1. 相互协作关系

上级的工作，需要取得下属的配合；下属的工作，也需要取得上级的支持。

2. 相互支配关系

能力强的上级，可以支配、左右下属的行为方式；能力强的下属，也可以支配、左右上级的行为方式。

3. 相互竞争关系

上级的能力强于下属，下属就听命于上级；上级的能力弱于下属，下属也可以通过正当的或非正当的途径，设法取代上级，将原有的上下级关系颠倒过来。

4. 相互选择关系

上级有权选择令自己满意的下属，下属也有权选择令自己满意的上级。当管理人有压制、打击、迫害下属的行为时，下属完全可以及时进行摆脱不利成才环境的反馈调节，尽早调到一个有利于自己成才的新环境去工作。

5. 相互提防关系

以权力为纽带的上下级之间，关系再融洽，再亲密，双方也都难免程度不同地互存戒心，相互提防。这种提防，有时纯属一种潜意识，只有在一定的条件下，才会明显暴露出来。这一点，在上层管理人之间，显得尤为突出，尤为普遍。

总之，任何领域、任何职类、任何层次的上下级关系，都呈现出一种既对立又统一的辩证关系，他们共存于一个微妙复杂的共同体之中，相互之间保持着某种暂时的平衡状态。在一定的内外在因素刺激下，旧有的平衡被打破，新的平衡又建立起来。这种由平衡到失衡，再由新的平衡，到新的失衡的循环往复，以至无穷的动态变化过程，就是一切上下级关系的特点及其运行规律。

鉴于此，编者在充分汲取了国内外管理学界最新研究成果的基础上，经过自己的思考，提出了视下属为"自主人"的用人战略思想。

这一用人思想的主要含义是：在整个管理活动中，作为被使用对象的下属，和其上司一样，具有独立的意志、人格、个性和思想。他不仅能够被动地采取积极的或消极的方式"接受"管理人对他的使用，而且还能够主动地选择多种更具有自主性的反应方式，或者协助，或者应付，或者影响，或者摆脱，有时甚至取代使用他的管理人。为此，管理人不管采取何种用人行为，都必须建立在充分尊重下属的"自主人"地位和双向选择权利的基础上。

1. 它不再视人才是一个被动地被管理人任意开发的资源，而是一个能够主动协助管理人对自身进行开发的资源。

2. 在这一开发（使用）过程中，管理人与被使用对象之间，不只是进行着机械的命令传递和信号传递，而且还进行着各种复杂的知识传递、思想传递、感情传递和意志传递。

3. 在这些复杂的传递过程中，管理人与被使用对象之间的等级界限已经日趋模糊，下属对管理人不再是一味服从的奴仆，而是平等合作的伙伴，积极参与的助手，激烈竞争的对手。

4. 面对这些复杂的上下级关系，管理人不能再依靠单纯的物质手段和行政手段来管理下属，而必须运用多种科学手段和艺术方法来充分"显示"下属的自主性，从而进一步发挥下属的积极性和创造性。

树立"自主人"的用人战略思想，势必促使各级管理人从用人行为的各个方面引起深刻的变革。

以上论点，就是有关"自主人"的用人思想所包含的基本内容，这也是我们确立新的用人谋略的出发点。

精明的管理人，唯有在"自主人"的思想基础上来认识现代社会的新的上下级关系，并据此来抑制、选择合适的用人谋略，才能巧妙避免潜伏在用人活动中的一切风险和危机，尽力获取最为理想的用人效果。

# ↘ 用高明的技巧协调分歧

公司中的用权千篇一律，公司管理人应该换个角度，来从军事中借鉴成功的经验。

爱申高将军是第二次世界大战后期出现的一位德高望重的军事首领，那时他曾领导数百万盟军，手下也有无数的高级军官，其中有许多都是极具个性的人才。这些军官的战绩往往都是不同寻常的，作为一个盟军的头领，虽然具有指挥全军的巨大权力，但是这些属下都是来自不同国家的高级将领，在领导他们时，爱申高将军也必须十分谨慎小心，避免发生一些不必要的意见分歧或冲突。

这表明爱申高将军不得不小心谨慎地领导，实际上他作为一名德高望重的军队高级将领，自己并没有亲自上战场作过战。在第一次世界大战时他还只是个负责训练后补士兵的下级军训官，那时的法国战场十分需要军队增援，他所训练的士兵就被派到法国方面。他自己其实也是很想参加战斗的，但没有机会，因为他必须负责培训更多的后补力量！所以他一直在美国后方军事训练基地。

而现在他已是盟军几百万军队的总帅，率领如此庞大的军队作战，曾是他一生中最大的梦想，现在真的是梦想成真了。他要实现成功的领导，其领导策略就在于他所运用的商讨、协调术。

那时，他所领导的盟军除美国本国的军队最多以外，人数位居第二的就是英国军队的士兵。于是他就与英国的高级军官们商讨取得支持，以便协调顺利地作战。

爱申高将军就是利用商讨，并以一定的条件做协调基础来实现他的领导力的。这种商讨、交换意见和条件的方法，不仅能在军事方面成功运用，其他的各行各业，作为一名领导者，你都可以灵活变通地加以有效运用，实现你成功的领导。

早在第一次世界大战中间就发生过类似的例子。同盟国的成员之一法国当时有一位叫作奇斯的将军，他所率领的法国远征军被指定为由英国著名将军福尔特指挥，在一次损失惨重的战役之后，由于部队的损失都很大，为重振旗鼓，加强统领力度，福尔特决定重新编排军队成员。他要求法国军队奇斯的部队分散插入英军之中，以保证受损后的英军的主要实力。

对于这个决定，奇斯思索再三，认为有损于法国军队的尊严以及形象，所以最终还是拒绝拆散。这一决定同时也得到了其他法国军官以及士兵们的支持，甚至连英军的总帅威思特也赞成他的意见和做法。最后，奇斯还是保证了法国远征军的完整性，这支被称为"神奇前锋"的坚强的队伍，显示出他们惊人的集体力量和让人满意、佩服、赞叹的军队素质，总是在战争中出色地完成任务。

当然，从第一线的管理人到中级管理人本身，也应该负起相当程度的沟通角色和责任，不可在一旁看热闹。如果你现在是一位经理和管理人的话，除了要和部属、同事沟通之外，你也需要经常和那些职级比你高的经理和管理人进行沟通。

你知道如何和上级管理人进行有效的沟通吗？这里提供给你 10 个建议，如果你能确实遵行的话，你的沟通功夫一定能更加炉火纯青。以下就是快速提高你沟通能力的 10 个建议：

1. 随时让老板明了情况，特别是在事态刚露萌芽的时候。

2. 切忌报喜不报忧。有不利消息，就火速报告。

3. 问题十万火急时，赶快敲定时间和老板碰头。

4. 提供重大消息，最好有书面资料或支持必要的证据。

5. 提出你的观点、建议时，不妨简明扼要。

6. 对你提出的建议或决策有相当把握时，不妨表现出信心十足的模样。

7. 提出问题，同时提出解答。

8. 切忌越级呈报，有意绕过你的直属上司。

9. 双方意见相左时，先认同经理和管理人，再表达自己的意见，请教上司。

10. 意见相同时，归功于上司的英明领导。

当你必须向下用口头传递你的指令或命令时，如何沟通才能赢得同事的支持和合作呢？

建议你可以根据以下 7 个技巧，来和属下进行沟通：

1. 下达命令，最好一次一个为原则。

2. 下达指令，要循正常渠道。

3. 态度和蔼，语气自然亲切。

4. 谈话要清楚、简单、明确。

5. 不要认为部属很了解你的话，如有可能，请他复述一遍。

6. 如有必要，可以亲自示范给他看。

7. 细节部分，如有必要，最好详加说明。

身为组织中的一员，任何人都无可避免地会和其他人，在向上、向下、横向、斜向等各种管理之中，不断地和别人沟通、沟通、再沟通。如果你是一位管理人的话，你在沟通渠道中扮演着"枢纽"的角色，更是上司和部属之间的"桥梁"。记住：你非常、非常的重要，你沟通得好，你和你的组织会更好、更棒、更成功，反之亦然。

总之，沟通是不分地位、不分等级和类别的，是全员的责任。

# ↘ 谨慎处理同级关系

作为一个高明的公司管理人，应当懂得如何把同级之间的摩擦降到最低限度，必须跟他们好好合作，处理好同级之间的关系。

处理好同级之间的横向关系，有助于进一步协调上下级之间的纵向关系，使整个管理机器更加理想和完善，同时，也有助于管理人获取一个良好的人际环境，使自己更加健康地成长。因此，年轻的管理人，对于协调同级之间的关系，决不可掉以轻心。

其实，协调同级关系，和协调各种人际关系，包括上下级关系一样，也是有规律可循的。立志成才的管理人，在接触同级时，主要应注意以下环节：

1. 真诚相待，热情帮助，尽力消除对方警觉"竞争"的心理屏障，牢固建立"友好合作"的协调关系。

既然同级之间，客观存在着既是天然的"合作者"，又是潜在的"竞争者"这种微妙的人际关系，那么，作为客观存在的一种心理反应，在同级的内心世界，必然会产生既渴望"合作"，又警觉"竞争"的复杂心理。面对这种复杂的心理，精明的管理人，应该想方设法尽力避免诱发对方警觉"竞争"的心理，逐步建立互相信任、互相支持的协调关系。在这方面，怎样巧妙地消除对方警觉"竞争"的心理屏障，就成了协调同级关系的关键所在。

在通常情况下，消除"心理屏障"主要不是靠语言的"表白"，而是靠行为的"显示"。管理人应该通过工作接触，使对方深信：

①自己积极做好本职工作，主要是出于高度的事业心和责任感，而决无半点"压倒"同级的私心杂念；

②自己每取得一点成绩，都将它看做是同级之间密切配合，共同努力的结果，而决不以此为资本，向同级显示自己的"高明"；

③对于同级取得的成绩，就和自己取得的成绩一样，同样感到由衷的高兴。

2. 在这种高尚的思想情操支配下，管理人在与同级相处时，应努力做到以下 5 点：

①互相尊重，互相支持

同级之间，常常会遇到一些工作上的交叉，也会有一些需要共同处理的事务。对这些工作和事务，同级之间应当互相尊重，互相支持。互相支持是互相尊重的标志，只有互相支持，才能互相配合。对需要交叉处理的事务，同级之间应当尽量通过协商去解决，不要擅自做主处理，否则，既影响同级之间的关系，也往往使下级为难，造成工作上的困难，甚至会带来一些不必要的损失。

②分清职责，掌握分寸

同级相处，应当分清职责，掌握分寸，不争权力，不推责任。属于别人职权之内的事，决不干预，属于自己的责任，也决不推卸。本应由自己分管的工作，决不请别人点头画圈，本来不应由自己处理的事情，也决不争着要管。特别是那种好事就争，难事就推的行为，是破坏同级间相互协作的腐蚀剂，必须坚决防止和克服。

③严以律己，宽以待人

管理人在"认识"自己时，应该少看长处，多看不足，不要因为取得一些成绩，就忘乎所以，沾沾自喜。与此相反，对待同级，却应多看长处，少看不足，尤其不要在不适宜的场合，随便议论同级分管的工作。不仅自己要做到这一点，而且应教育下属也要做到这一点。

只有这样，才能在同级之间，形成相互信任，互相友好的和谐气氛

④委曲求全，以理服人

同级之间，难免在工作中遇到一些纠葛和矛盾。在解决这些纠葛和矛盾时，管理人应本着顾全大局，维护团结的良好愿望，对一些无关紧要的"小事"，采取不予细究，委曲求全的态度。即使遇到一些需要辨清是非的"大事"，也要讲究方式方法，尽量做到心平气和，以理服人。这样做，随着问题的妥善解决，同级之间不但不会伤了和气，反而会在新的基础上，建立起更加牢固的团结关系。

⑤经常通气，沟通情况

同级之间，既然同属整个管理机器的一个组成部分，工作上有着密切的联系，那么，只有保持经常通气，及时沟通情况，才可能进行有效的合作。也唯有这样，才能彼此了解，互相信任，将一些不必要的误会和摩擦，消灭在萌芽状态。因此，管理人工作再忙，也勿"忘"了主动向同级提供有用的资料、信息、情况和建议。只要你能够坚持下去，就一定会赢得同级的好感。

以上行为原则，有志成才的管理人不妨一试，并在实践中不断丰富和发展它。

## ↘ 管理者与行政人员的微妙关系

管理人与行政人员的关系，不是领导与被领导的关系这么简单。如果管理人一味地命令行政人员做这做那，企业的行政工作会很乱。因此，管理人为了更好地处理行政事务，必须改变和行政人员的关系，

变成行政指导。

用人活动是管理人、使用对象和环境三者交叉作用与交织影响的过程。用人之道除了随环境而变外，还要考虑使用对象这一重要因素，也应该随对象的不同而不同。日本的片方善治指出："不了解对象，就不可能发挥领导作用。"用人者要学会利用自己的用人经验，经常改进用人方式，使自己随时适应新的被用者和新的用人情况。

不同的使用对象其素质、能力以及相关的情况均有不同，这种使用对象的差别性要求用人者的作风及方式具有可变性，随对象不同而有所不同。使用对象的差别性往往会使不善权变的用人者捉襟见肘，显得无能。要想用人得心应手，左右逢源，有效地组织、调度、指挥使用对象，用人者必须了解对象、熟悉对象、善于权变，善于根据不同对象采用不同的作风、方法和手段。

精通权变的管理人，他的用人风格并不是单一的，而是一种复合的可变的作风形态。他也许会觉得对某个对象必须采取坚决、毫不含糊和明确运用权力的领导方式，而对另一对象，则认为应该采取松散、自由和共同磋商的领导方式。一个用人者其用人风格的多样性，集中体现于对不同使用对象施以不同的领导作风。

企业主管的领导作风一般可以分为3种类型：

第一种是集权、命令式的领导。管理人要求下属绝对服从，一切方针和行动计划由用人者个人制订。

第二种是民主、协商式的领导。管理人通过讨论协商的方式，组织使用对象参与制订方针和行动方案。

第三种是分权、放任式的领导。企业主管就像个信息中心，他极力限制自己在组织活动中的作用，只进行最低限度的控制，而更多的是从事收集整理各种素材及信息的工作。

在这三种作风的领导类型中，民主协商式的领导既可以提高工作效率，又能让使用对象得到较大的满足。因此，在通常情况下，对大多数的使用对象采取这一类型的领导作风是适合的。

能权变的管理人即使是对待同一单位从事同一类工作的对象，也会因为他们的身份不同，其调度使用的方式也有所不同，比如：

对直接下属人员——指挥。管理人对直接下属的使用多采取指挥的方式，可以具体安排他们为完成某项任务而采取行动。

对间接下属人员——指导。管理人在非直接的下属面前只适宜以指导的方式出现，对他们的行动给予一些参考性的指点和引导。

对左右助理人员——支派。像协助工作的秘书之类人员，企业主管可以随时随地不拘形式地支使他们去办一些事。

对身边参谋人员——商量。在管理人要求参谋人员出主意、想办法时，只能是以磋商讲座的方式予以进行。

权变用人观还把工作行为、关系行为和使用对象的成熟度结合起来考虑，主张根据使用对象不同的年龄、不同的成就感、不同的责任心与能力等条件，采取不同的行为方式。随着使用对象年龄的增长、技术的提高，由不成熟逐渐向成熟发展，用人行为也应该按照这样的顺序逐渐变化推进：高工作低关系；高工作高关系或高关系低工作；低工作低关系。这就是说，当使用对象成熟度较低时，管理人可以采取高工作低关系的领导方式，直截了当地给使用对象规定任务，要他们干什么，怎么干。当使用对象的成熟度处于中等水平时，管理人适宜采取高关系高工作或者高关系低工作的领导方式，通过说服教育或参与管理来调动使用对象的工作积极性。当使用对象的成熟度达到较高水平时，管理人只宜采取低工作低关系的领导方式，通过充分授权、民主协商的办法，组织使用对象完成任务，实现目标。

另外，即使是同一使用对象，在不同的时候，也会要求管理人有不同的领导行为。当工作任务模糊不清，使用对象无所适从的时候，他们希望管理人以高工作的领导作风出现，帮助他们对工作做出明确的规定和安排。处于例行工作或者内容已经明确的工作环境中，使用对象则希望企业主管能有高关系的领导作风，使他们得到个人需要的满足。如果工作任务已经明确，管理人还在喋喋不休地发布指示，使用对象就会觉得厌烦，认为是对他们不信任。

## ↘ 准确协调下属之间的竞争

公司管理人用一根竹竿是无法过桥的，若把许多竹竿收集到一起，不但可以过桥，而且还可以做竹筏，畅游大河。同样道理，一个员工是一根竹竿，众多员工收集一块，那就不是一块竹筏了。

身为一名管理人，要学会利用这种竞争，从而达到激励下属的目的，就更需要付出时间与精力。你必须时刻牢记于心：下属之间肯定存在着竞争。竞争分为良性竞争和恶性竞争，管理人的职责就是要遏制下属之间的恶性竞争，引导他们之间进行良性竞争。

每个人对美好的事物都有羡慕之情。这种羡慕之情来源于对别人拥有而自己没有的好东西的向往。关系亲密的人，这种羡慕之心尤为显著。你也许不会去羡慕克林顿能当美国总统，但是你可能会对你同事新上调为管理人一事羡慕不已。这种情感有时会因为某种关系的确定而消失，例如，由恋人而变成夫妻，对方的长处就会被另一方共同拥有，此时这种羡慕的想法就会消失，而当这种关系亲密的人的角色不能转换时，羡慕之情就会一直维持下去。比如说大家抬头不见低头见，工作上又相互较劲的同事之间；学习成绩不相上下，又竞争同一所名牌大学的同学之间。一般来说，越是亲近，越是熟悉的人之间越容易产生羡慕之情。女人往往比男人更容易产生羡慕之心。

有的下属羡慕别人的长处，就会鞭策自己，努力工作，刻苦学习，赶超对方。这种人会把羡慕渴求的心理转化为学习、工作的动力，通过与同事的竞争来缩短彼此间能力的差距。这种良性竞争对部门有着很大的好处，它能促使部门内的员工之间形成你追我赶的学习、工作气氛，每个人都积极思索着如何提高自己的能力，掌握更多的技能，从而取得更大的成就。这样一来，整个部门的整体水平就会不断地提高，充满生机与活力。

但并不是所有的人都明白"临渊羡鱼，不如退而结网"的道理，他们由羡慕转为忌妒，甚至是嫉恨。这种人不但自己不思进取，相反还会想出各种见不得人的花招打击比他们强的人，通过使绊、诬蔑等手段来拉先进的后腿，让大家扯平，以掩饰自己的无能。这种恶性竞争只会影响了先进者的积极性，使得部门内人心惶惶，员工之间戒备心变强，提高警惕以免被暗箭所伤。如果整个部门长时间形成了这样的气氛，那么员工的大部分时间与精力都会耗在处理人际关系上，就是管理人你也会被如潮涌来的相互揭发、抱怨给淹没，这样的部门你还能有什么指望呢？

你是管理人，你是部门的核心与希望，你一定要留心部门的气氛，积极引导良性竞争，采取措施防止恶性竞争的出现。你可以参考以下几种技巧：

1. 创建正确完善的业绩评估机制。以实际业绩为根据来评价员工的能力，不可根据其他员工的意见或是你自己的好恶来评价员工的业绩。评判的标准要尽量客观，少用主观臆断。

2. 创建公开的沟通交流体系。让大家多接触、多交流。有话当面说，有意见明摆出来，诚实地表达自己心中的想法。

3. 不鼓励员工搞小动作，不理"人事秘书"的小报告。坚信"兼听则明，偏信则暗"。

4. 严惩那些为了谋一己之利而用各种手段攻击同事，破坏部门正常工作秩序的员工。不要让一粒老鼠屎坏了一锅汤。

部门就好比一台大机器，每个员工都是机器的一个组成部分。你的职责就是激励这台大机器上的各个部分，即引导员工们进行良性竞争，让大家心往一处想，力往一处使。只有这样，部门这台大机器才能越转越好！

倘若仔细观察一下每个下属在接触上级时的心理状态，就会发现，他们大体具有一些共同的心理特征。作为主管，只需设法满足下属的心理需要，他们的创造性就能得到最充分的发挥。否则主管不注意满足下属的心理需求，同下属心里想的不一样，将会阴差阳错，下属又怎么会认真工作？主管与下属关系将会变得一团糟，这就要求主管尽力满足下属的心理需要。

1. 根据管理学的基本原理，我们可以将企业主管满足下属的心理需要，归纳为以下9条原则：

①民主原则

主动征求下属的意见，充分发扬民主，以克服下属为了与上级保持"一致"，不愿意轻易表露与上级的不同意见的"心理屏障"。

②护尖原则

看到下属出色完成任务，应主动表示祝贺，并和下属一起分享欢乐，对于成绩突出的"冒尖"者，应采取"护尖"措施。这样做，能满足下属愿意"显示成绩"的心理需要。

③宽容原则

对于下属在工作中偶尔出现的小过失，可以佯作"不知"，只要本人已经知错改错，就应宽容，不予细究，以此来满足下属出于自尊而产生的掩饰过失的心理需要。

④平等原则

对下属充分尊重，真诚相待。以此来满足下属追求平等的心理需要。

⑤信赖原则

慎重对待下属的创新意见，不要轻易流露丝毫的怀疑和不耐烦，以此来满足下属获得信赖的心理需要。

⑥依靠原则

在制订计划，以及执行、检查、总结等管理过程中，应尽量吸收下属参与这些活动，让他们充分发表自己的意见，以此来满足下属渴望参与的心理需要。

⑦理解原则

有时间就找下属"随便聊聊"，并有意识地表示"理解"下属的工作动机和所作所为，以此来满足下属求得理解的心理需要。

⑧负责原则

当下属确因某些客观原因而遇到挫折和失败时，主管应敢于承担自己的责任，决不可不分青红皂白将责任全部推到下属身上，这样可以培养下属的"安全感"，满足他们希望上级分担责任的心理需要。

⑨松缰原则

对下属不必统得过死，管得过严，应在抓好大事的前提下，适当放松一下"缰绳"，给予下属适度的自由，以此来满足下属希望上级给予适度"自由"的心理需要。

上述9条管理原则，都是针对下属在与上级相处时的共同心理特征确定的。主管在具体运用时，应视不同下属的实际情况，区别对待，灵活运用。

2. 下属在不同时期发生的情绪变化，原因更为复杂。除了他心理需要得不到满足，容易引起情绪低落外，在通常情况下，当下属遇到下列情况之一时，也会出现情绪低落现象：

①蒙受来自某一方面的委屈；

②自己的"存在价值"得不到社会的承认和尊重；

③在自己和同级之间，出现不公正的难以忍受的"境遇差别"和"待遇差别"；

④基本生活条件和工作条件得不到保障；

⑤人际矛盾和家庭问题的困扰；

⑥人群位置不合理，使用不当；

⑦其他各种干扰因素。

显而易见，下属闹情绪，并非全部由于主管的过错。然而，在排除上述各种诱发因素中，管理人所能起的积极作用，往往是至关重要的。因此，一个负责的管理人，绝不能因为下属闹情绪不是自己造成的，就心安理得，不闻不问。甚至一味认为下属闹情绪不对，是基本素质太差，政治觉悟不高的表现。而是应该热情关心下属的情绪变化，尽早帮助他排除各种不利的困扰因素。主管只需"诊断"出下属闹情绪的症结所在，就不难做到对症下药。而下属一旦从情绪低落状态挣脱出来，他的积极性必将得到加倍的发挥。

# 高效率主管爱用的"协调术"

企业里面往往存在着一些让管理人头痛的平庸下属，主管不可遗弃他们，冷落他们，而是适当地激励，发挥他们的长处，运用这种方法能使团队达成你要的目标和计划。

部属好比一块原石，管理人必须"雕琢"它，让它有价值，变成美丽的东西。

有人说："过度的压力可以摧毁一个天才适当的激励，却可以创造一个天才。"这句话可真是一针见血，直接道出激励力量的伟大。

的确不错，激励是一种神奇无比的力量。它能使你率领的团队达成你要它达成的任务目标和计划。下列三种方法，我们可以参考、研究一下。

1. 恐惧激励法

有些主管特别喜欢扮演"黑脸"的角色，运用惩戒的方式来督促、带领部属；不过有时为了遮掩其恐吓的本质，另一些领导人偶尔也会使用黑脸、白脸同时交叉运用的伎俩来遂其心愿。

威廉·希特在《Z型高效率管理》这本书中，对恐惧激励手法有很清晰的描述：

"这个方法除了能获致某些成果外，也是组织内许多高效率主管所共同爱用的方式……如果某个员工对这种方法都没反应，我就会开除他。我不认为照顾员工是有用的。如果有人需要这样的照顾，那么他们便不应该待在我这样的行业里。"

相当多数的管理人倡导恐惧法的理由，是他们相信利用惩戒方式来造成部属心理的恐慌，最主要的目的并不在于恐吓或报复，而在提醒、促使受到惩罚的人能遵守法纪、规章，而激励士气。因此，他们一致认为只要在执行过程中能确切遵循以下 5 个原则，恐惧法仍不失为是一种可以备用的激励手法：

①事先告知原则：事前很清楚地公布并警告哪些行为是不被容许的，也让大家知道违反者可能会受到什么程度的惩罚。

②即时惩戒原则：一旦发现有违规犯纪的行为，立即调查清楚，并明快做出裁决。

③公正公平原则：相同违纪的行为，避免发生有轻重宽严不一的惩罚的现象。

④顾及颜面原则：惩戒避免在大庭广众之下为之，以顾及部属的颜面。

⑤适可而止原则：点到为止，不要让受惩罚者长期处在恐惧不安之中。

不过，有一些奉行威权作风理论的管理人，甚至，有些主管已开始静下来，寻找"是不是有别种较好的激励方式呢"这个问题的答案。

许多事实证明，恐惧的激励方法通常只有昙花一现的短暂效果。趋势专家费洛·韩特说道：

"利用恐惧来激励员工，所得到的结果将不会是正面或健康的结果。因为畏首畏尾的员工不仅无法发挥其潜能，甚至会使效果大打折扣。"

2. 诱因激励法

如果将惩罚比喻成迫使驴子向前行的鞭子，那么，诱因就是引诱驴子拉车向前迈进的胡萝卜了。每位管理人都被他的上级赋予一种特权，他可以运用他权责范围许可内所支配的金钱或其他代替物（奖金、红利、升迁、加薪）来作为激励其部属的重要工具。

多数的管理人，都相当支持"金钱"是绩效温度计的说法。

有位管理专家对金钱激励法所产出的奇异效果，有其独到的见解，他说：

"金钱对公司里决策阶层人员（如总裁、总经理、副总、协理、经理），的确是十分有力的诱因。对他们来说，金钱不只意味着可以购买自己钟爱的东西，它同时还是一种'象征'——成就、威望、权力及安全……这整个合起来，可说是很大的诱因。"

金钱的魔力，似乎显得无所不能，它满足了绝大部分员工的需求。不过，你所带领的部属是低薪阶级的话，金钱可就不一定是最好的激励工具了。你必须要给他想要的东西（诸如有意义的工作、关怀尊重、愉快的工作环境等），还有一点，你也要注意到的事实，每个人都有自己生活的重心，单靠金钱这一项诱因并不足以能完全引发他的工作动机，金钱仍然需要和其他引起动机的事物整合一并使用，才能达到最好的激励效果。

但金钱的效力仍有一定的限制，费洛·韩特有一段演讲内容相当能掌握金钱激励法的困境所在，他说：

"如果我们完全依赖这种方法来激励员工，那么当员工的某一项需求被满足后，就得不断伤脑筋去推出新的诱因，以便进一步激励员工。假如到最后，一个人的需求已经完全被满足，那任何的诱因都将回天乏术，而这个方法也就要宣布失败了。"

不错！许多实证让我们很清楚了解一个不得不承认的事实：

"金钱的影响力可没有我们所想象的那么神奇伟大。"

某作者曾为金钱激励法的限制性做了最佳的补充说明：

"单靠金钱因素并不能激励员工的工作情绪。原因之一，是员工很重视他和他的工作伙伴之间的关系，这可不是金钱能完全取代的；再者，金钱不能激励员工的另一个理由，则与心理因素有关。一般人在达到一定的经济水准之后，便会转而追求其他方向的满足，对他们来说，那些东西比金钱更具价值。"

金钱激励法并非是唯一能完全引爆员工的干劲、雄心壮志的万灵丹，那么请问：是否还有更好的激励法值得我们来加以运用呢？答案是肯定的，这种崭新的方法，我们称它为人性激励法。

3. 人性激励法

愈来愈多的激励专家举双手支持"单靠金钱一项，并不足以引发工作动机"的观点，并且一致深信金钱若能和引发"人性"的事物合并一起使用，必可达到最高的激励效果。

史都·雷文十分主张不要用强迫的手段或金钱来领导部属。他说："每个人都想要优厚的薪俸、年终红利、股票分红……真正的激励绝非只靠金钱这种东西。而让他觉得有目标，他所从事的是一项有价值，对双方都同样重要的目标，这才是真正能产生激励的原点。"

是的！人们除了要获得金钱之外，他们真正要得到的是觉得自己很重要的感觉。因此，谁能够满足人们内心深处这股最渴望的需求，谁就是这个时代里最好的激励者。

谁掌握住了人性，谁就注定是个成功的领袖人物。"人性"激励的4法宝，分别是：

①信任他们

②尊重他们

③关怀他们

④赞赏他们

善为上者，不忘其下。你要时时刻刻让你的伙伴、部属了解你对他们多么的信任、尊重与关怀，并且具体表现出来，如果能确实做到这4件事情，你将拥有一群世界上最精良、最勇猛的无敌团队。保证你们进足以胜敌，退足以坚守，屡建奇功，成为大家钦羡的领导人才。

总之，现在的人们最需要主管给予他们最丰富的"人性激励"，足够的"金钱激励"和最少的"恐惧激励"。

设法满足部属们人性深处那些最渴望的需求，并为他们提供一个重视人性，又兼顾效率的适当环境，然后对此信条奉行不渝，那么，我们的组织里就有一群愿为你和共同目标合作及努力的好伙伴了。

没有任何再美好的事物，会比一群人组织成一个同时兼顾个人目标与组织目标，而有优良绩效表现的团队，更具有挑战性了。如果你支持、认同这个说法，你一定也是个受部属爱戴不已的激励者。

请务必牢记在心："激励"不是口号，不是标语，我们除了要接受新的激励观念之外，还要不断去学习了解人性，更重要的是身体力行，毕竟唯有亲身实践，才是成功之道。

## 深入下属内心的法则

作为管理人，也许你眼中的下属仍旧都和往日一样神采奕奕，笑容满面，工作起来也格外地投入。你要意识到这有可能是一种虚假状态，也许其中有人就正在使尽全力保持自己的神采与笑容，但他们并不是以最佳状态进行工作。他们和你不一样，处于低谷的你可以凭借为企业主管的尊荣发一发脾气，甚至将手头的工作弃之不理，但他们仍旧要像往常一样工作。所以，他们有着比你更大的生存压力。在这种情形下，如果你能经过仔细观察，对处于生命状态低谷的下属给以理解和爱护，那么对方一定会以今后的十二分努力给予回报。

许多国家的生命科学家都对人的机制状态进行过研究，认为人的精神低迷状态周期大多是一个月，长不过数天，短也不过数天。这就是说如果你觉得今天的情绪非常糟，即使没有纷繁复杂的工作来打扰你，你也要仔细对待一个月的这几天。如果你恰好在那几天中去洽谈一桩非常重要的生意或是面临人生最重要的提升，那么你最好将其改期，或者事前做好周密而又细致的准备，以备不时之需。如果有可能，你甚至可以设想一切可能出现的情况并想出解决的办法，而后在实际中炮制应用，从而解除生命状态周期对你的威胁。

同样，对于你的下属，你是不是也在注意着他们的精神低迷周期的出现呢？如果某一个下属正处于其状态的最低谷，而你刚好又把一份极其关键的任务交给他去处理，即使他的这种低迷只持续短暂的半天甚至两三个小时，你却已经对他的表现深为不满，在看到工作结果之后你甚至怒气冲冲地要把他解雇。此时，你是否还会想起昨天的他还是一个精明干练，喜欢深思熟虑的得力助手呢？

人人都喜欢且渴望得到别人的欣赏和认可，希望自己的存在价值能够在这个充满激烈对抗和竞争的社会中得到确立。因此，人人都在拼命地努力工作，即使他们已经做得很出色，但仍旧不停滞。毕竟，每一个人的初有所成都要付出很大的艰辛，轻易割舍不得。不管你是不是一个非常开明，能够体恤下属的主管，下属们也不愿或不敢轻易放松。即使是他们正在处于这种无法推托的生物钟休眠状态，他们也要咬紧牙关坚持下来。因为他们要努力保持自己在你心目中的好印象。这将关系到他们的提职、加薪和最终评估的优劣。这时候你是怎么做的呢？你是不是仍旧以他们在你印象中的能力标准来要求他们呢？你是不是会为他们所犯的，而你却认为不应该在他们身上出现的小错误而大发雷霆之怒呢？

体味自己的细微变化，转而注视你的下属，这才是最聪明的主管。

1. 观察

你的下属有许多，个性、能力等方面都存在着或大或小的差异，而他们的生命周期也各不相同，这就需要你能做周到而全面的观察。

①眼光不要只停留在你想注意的人身上。你每天上班时都应用眼睛注视自己的每一位下属，目光要柔和而不是充满着审视和怀疑，因为你要了解下属们这一天的状态；

②将你所能注意到的下属的细微变化都记录于心，而后分析哪些有可能是低迷状态的征兆；

③试着去与下属进行短暂的交谈，仔细注视着他的眼睛，看看里面是不是充满着疲惫和逃避，而他又总像是心不在焉，心思不是放在手头的工作上；

④透过你办公室的玻璃，你可以观察每一位下属的情绪变化，注意他们之中谁会时常地停止自己的工作，并非去进行思考，而是满脸烦躁，不停地转动着手中的笔或是轻轻敲击其他东西，甚至把手中的东西"啪"地一下子摔在桌上。这有可能意味着其生命周期的低迷状态已经开始或正处于高峰期。当然，在这个过程中，你还应该注意另外一种现象：你的下属是不是在偷偷怠工。

同时，有必要提醒你，如果有可能，你可以把你的办公室设计得更独特一点，以期能够在里面观察到你的每一个下属的一举一动。

2. 抚慰

此时的下属特别敏感，特别脆弱，容易陷于精神崩溃的状态，这将对他以后的工作积极性造成一定程度上的伤害，同时也会产生一定的工作压力。

①试着去与他们接近，放下手头的工作和他交谈，消除他的恐惧心理，使他暂时远离手头工作的烦恼；

②一些一直由他负责的工作仍要交给他去做，否则他会觉得你已丧失对他的信任，这将伤害他的自尊心。但你可以不去催他完成这些工作，你要告诉他时间还很充足，而且还要告诉他如果他在一个星期以后（事实上正常情况下，他只需一到二天就足够了）还不能把你交给的工作完成，那么他将会面临被解雇或减薪的处罚；

③同样，一些你本打算交由他去完成的工作也应改交他人或由自己去完成，你甚至可以把已做完的工作结果或是自己的工作设想摆在他面前，诚心诚意地听一听他的评判，这将对他极其有益；

④可以利用闲聊的时候（最好是只有你们两个人）把你自己处于低谷时的情形讲给他听，对他说这种情形在所难免；

⑤午休的时间，你应该让大家适当地放松一下，而不是继续埋头工作，你可以点名让他加入进来。

抚慰的过程决不可少，这将有利于下属继续保持自尊心和自信，更会增强对你的信赖和支持，以更出色的工作成绩来回报。

3. 激励

处在低迷状态中的下属体力、脑力和精神状态都无法和正常情况相比，即使他再努力振作精神也于事无补。这种情况下就需要做领导的你进行适时适度的激励。

①分配适当的工作交给他去做。合理把握这些工作的难易程度，让他能够完成却又不至于太过简单；

②以前他取得过很多成绩，但你只当着他一个人的面褒扬了他，有的事情他的同事还不知道，你可以把这些成绩提出来对他进行公开表扬；

③大家都在潜心于自己的工作，而他却为无法开展工作而焦躁不安，你可以让他为你修改一份报告，而后加以赞扬；

④他已经极度烦躁，甚至丧失了自己的信心，你不妨努力使他静

下心来或是采用激将法，但切莫过度。

同样的这些法则，不但能用于更好地管理处于生命周期低潮的下属，而且能激发那些情绪很差的下属的进取之心。

## ↘ 让顽固的家伙不再顽固

管理人的督促工作，往往会在那些头脑顽固的下属面前碰壁。如何才能对付他们？管理人这时不妨自我反省一下，找出一些让顽固派接受你的意见的方法，给他们以信心，愿意接受你。如果胡乱提出一些问题，或比较难的话题，就会伤了他们的自尊，你也无法与他达成理解和共识。

如果一个人拒绝接受你的意见，甚至反驳你的时候，你千万不要生气。你绝不可能通过大声说话或急速说话的方式改变他的思想，更不可能通过威胁的方式改变他的思想，因为他不可能一下子就用你的观点看问题。

为了克服他的这种顽固思想，你得仔细研究他为什么不同意你的观点，把他的顽固思想查个水落石出。你若是不能准确地掌握下属的想法是什么，你就不可能克服他的顽固。旧的思想方法紧锁在他的脑子里，你想把它引诱出来的唯一方法便是向他提出一些问题。

总是要以提比较容易回答的问题开始。只有这样对方才能感到放松自然，他才能愿意和你攀谈。给别人一种肯定的回答对人来说也是一种享受，因为这样可以建立他们的信心。这样也给他们一个表达自己博闻强识的机会，使他们感到自己更重要。

如果你一开始就问一些难以回答的问题，可能一下子就把他问住了。这样会使他感到很不自在，他会感到紧张，想退缩。因为回答不上来就等于暴露了他的无知，这样也就伤害了他的自尊。如果你若再问下去，他就可能不高兴或者生气，那他就会把嘴封住，你再问他什么他也不想回答了。这样，你也就没有办法能在你们两个人之间达成理解和共识。

所以，你提出的问题不仅要容易回答，而且还要表达得适当，以便随时控制形势。措辞不当的问题会使回答的人感到十分扫兴，严重者能造成回答思想混乱，甚至产生反感。为了能使问题提得正确恰当，以下 5 条指导原则极其有用。

1. 你的问题应该有一个特定的目的

你的目的是让听者接受你的新建议或者新观点，提问题的宗旨是要引导你的听者直接奔向你的目的。为此，我们可以采用各种提问的方式。例如，你可以用一个问题唤起对方的兴趣并使他更加警觉和注意，也可以用一个问题激发他的思想，或者用一个问题强调一个要点，还可以用一个问题去检查对方当时的理解力，过后再用一个相似的问题检查他的记忆力。

2. 你的问题应该容易理解

一个容易理解的问题也像一个容易回答的问题一样必要。一个比较难答的问题如果问得简明扼要，可能并不难回答。不要提出复杂或者冗长的问题，更不要提出需要一大堆解释和说明的问题，那样只会把问题搞混乱。同样道理，要避免模糊抽象的语言和官样文章的话。要使用简洁、明了、朴素，最好是由一两个音节和词组成的句子，以便听者一下就能听明白你的意思。

3. 一个好的问题只强调一点

最好的问题只包括一点，并且只要求一个回答。不要在一个句子里联合两三个问题。如果你的问题要求几个答案，那你就把它拆开分成几个问题去问。

4. 提出一个需要给予明确而具体答复的问题

一个模糊而不明确的问题会得到一个模糊而不明确的答复，那于事完全无补。要把你的问题表达到能得到一个明确而具体的答复为止，不达到目的绝不罢休。

按照这个原则行事的时候，要记住一个人做事，通常都有两种理由：一种理由是冠冕堂皇的，一种理由是真实的。要想让一个人道出真实理由的最好方法是不停地问这两个小问题："为什么"和"此外呢"。

5. 一个好的问题用不着猜想着回答

不要问那种可以用"是"或者"不是"来回答的问题，就是问了这样的问题，也要追问一个"为什么"或者"为什么不"？这种问法可以使你的听者自己解释他的回答，你需要的回答是以事实为基础的，不是以猜想为基础的。

你提问以后，就要聚精会神地听人家回答，不要打断对方的讲话，因为那样做会挫伤一个人的自我意识而使他感到自己并不重要，当你以你的观点讲话的时候，就可能引起他的抵抗思想。如果你不首先集中精力听他讲话，他也就会不愿意或者不用心听你讲话。如果你想获得卓越的驾驭人的能力，你就得彬彬有礼地听取他的陈述。

这样，再顽固的堡垒也会被你攻破。

# ↘ 不让帮派势力牵制你

与人相处，难免不舒服，因为人与人之间的关系非常奇妙，有些经久不衰，有些缘尽而散。有些友谊的褪色主要由于志趣各异或关山阻隔；但有些关系的逆转则是由于误会、分歧没有处理好，闹了一两次矛盾便彼此不再往来，甚至相互成为怨敌。所以作为管理人，对"心腹之患"的怨敌，采取心理战术，化解之间的矛盾，使之唯我所用。

良好的人际关系并不意味着你要喜欢所有的人，也不意味着你要和所有相识的人都成为知心朋友。如果你认为某些人是有价值的朋友，那就应当细心照料这种友情。

我们每个人已经建立起来的人际关系，好比一座大谷仓。这样一座相当大的建筑物本来是坚固的，但如果长年累月无人照料整理，那么风雨的侵袭，裂缝的扩大，就会造成隐患和危机。一旦哪天刮大风，下暴雨，它就会突然坍塌，变成一堆废墟。当你捡起旧橡木察看，你会发现，就某一根木头来看很可能还很结实，但连接榫头的木钉腐烂了，就无法把巨梁连接起来。

由此，我们可以悟出一个道理：一个人不论多么坚强、能干、有成就，仍要靠自己与别人的良好关系，才能保持和发展自身的价值和重要性。友情是需要照顾的，就像谷仓需要照料一样。想写而没有写的信、想说而没有说的话、想打而没有打的电话、想参加而又终于没去参加聚会、背弃过别人的信任、争执后没有和解、为一桩误会或一点分歧而心存芥蒂——这些犹如渗进谷仓的雨水，腐蚀、削弱了木梁之间的联系。好好的谷仓，本来只需花很少工夫稍加照料，就可修整完好，现在也许只有放弃，或是花费很大工夫来重建了。

总之，我们重视和善于交际，也包括重视和善于重修旧好和化敌为友。做到这些当然需要抓住时机，掌握方法技巧，但最重要的是要自由主动，运用心理策略。发挥自己的能动性，才能掌握时机和技巧。

对于闹了别扭的朋友，甚至是"心腹之患"的怨敌，如果你想和解，重建友情，应该怎么做呢？在自由主动的前提下，请注意这样三点：

1. 对于无关紧要的敌意，宽容大度，不予理睬，可以装聋作哑，或是转移话题，让对方无趣而止，绝不可斤斤计较，发生无谓的冲突。

2. 对于有辱人格、有伤大体的讥讽攻击，应当予以还击，但这种还击不是争吵，而要采取婉言、暗示、幽默等巧妙的方式，做到有理有利有节。这种还击仅仅是为了自卫，维护自己的尊严或整体的利益，而不是为了出气。

3. 发现并抓住时机，向对方表示关怀体贴，给予帮助，促成和解，从而加深或重建友情。

运用心理策略表达分歧，化解矛盾，需要调动一切必要的方法和技巧，但其根本的因素还是树立自由平等的意识，贯彻双方皆赢的原则。

# ↘ 解决员工冲突的技巧

冲突是看不见的，很难发觉出来。每一个人不可能终其一生过着毫无波折且顺利正常的日子，尤其是身为管理人的你，通常会面临很多影响员工、自己、上司以及生产力的各种冲突，而你的责任就是要化解这些冲突。通常你会面临下面两种类型的冲突：你和部属之间的冲突；你和上司之间的冲突。

你和部属之间的冲突，通常发生在你和部属之间有不同的标准与不同的期望之下。

你希望你的部下们能尽快地完成他们的工作，而他们也一定认为你的要求苛刻了，也太不合理了，因此你就会变得很沮丧，也变得十分恼火。另一方面，你的部属们也希望工作环境能够比你提供给他们的还要好，而你也不知道该如何做才好。当其中一个部属对你无礼时，其他人也会有样学样，也慢慢地对你不客气起来。这时，你要如何处理这种不愉快的场面？首先，你必须确定这些冲突是什么？其次，再确定这些冲突的原因是什么？再仔细检讨一下及了解一下你必须克服的障碍有哪些？以及再仔细看看你有什么可资利用的资源（或选择）来化解这种冲突？最后，一定要预测解决或没有解决这些冲突时各会带来什么样的影响？

为了说明这5点，我们试举下面的例子：

你的部属小丽工作十分缓慢，甚至连你订的最低标准都无法达到。你不止一次地找她谈话，观察她的工作情形，建议她各种改善的方法，可是一切都没有效果。你一和她谈起她的工作时，她的脸色马上变得很难看。为了确定这种冲突的类型，你可以说她和你对于工作的接受程度有不同的标准。

原因：这种冲突的导火线是你叫她多注意她自己的工作时所开始的。

障碍：这种冲突的障碍是她并没有意愿和你一同解决这个问题，但这也许是她真的没有能力做得更好。

解决办法：你只有如下的选择：不是找其他的人训练她就是更换她的工作，要不然你只有降低对她的期望与标准。

预测结果：如果你不处理这种冲突，其结果就是你继续不断地接受这种挫折与打击。但你面对这种冲突时也可能会有以下结果：一种可能是她自动辞职，另外一种可能就是被公司解雇。问题在于你有没有面对这种冲突并试着去解决它，如果没有的话，它就一直跟着你了。

现在，再让我们看看另一个例子：

大伟一直抱怨他工作的地方噪声太大，关于这个问题并不是在短时间内所能解决的，但是他却不谅解，一直对你十分无礼。这种冲突的类型我们可以把它归为你们二人对组织内行为是否合法的标准不一致。

原因：这种冲突是他对你的想法与看法所造成的——他一直认为你这个做管理人的有能力去解决噪声问题，但是却让它一直拖下去。

障碍：你所面临这个冲突的障碍是他对你一直不信任以及一直存在的噪声问题。

解决办法：你在处理这个冲突时可以利用他和你两个人的力量来加以解决，譬如建议他戴上耳塞。

预测结果：这问题的解决方法所带来的影响，不是他改善他的行为，就是他仍然这样我行我素，直到你把他给调走或开除为止。

一般发生冲突的原因不外乎是双方没有相同的资讯或是双方对问题有不同的认知，要不然就是双方有不同的目标或价值观，譬如说利益的冲突或一方希望与另一方拥有相同的东西。

你和上司之间的冲突，这个冲突的角色和上一种完全相反，这个时候，你会觉得对你有不合理的期望与要求（就像上一个例子中小丽对你的想法一样）或是他对你的要求不理不睬（就像上一个例子中大伟对你的想法一样）。而你对上司也一定不怎么高兴，当然会觉得十分沮丧，这时你该如何是好？不用急！一定会有适当的方法来化解这些冲突的，但首先你必须分析一下上司的个性，再好好地回答下列各问题：

1. 你的上司是喜欢你书面的建议还是突然的造访，或者是你正式的求见？

2. 你的上司是喜欢和你逐条详细讨论，还是只有重点而简短的讨论？

3. 你的上司是处于被动的地位还是希望主动而有建设性地和你沟通？

4. 你的上司对某些人是否有偏见？或是对某些人特别"照顾"？

5. 你的上司会接受负面的批评或只是希望听到"歌功颂德"的一面？

6. 你的上司是喜欢亲自动手去解决问题还是让你自己去解决？

7. 你的上司是什么事都对你说还是有所保留？

你的工作态度与个人风格是否与上司配合得来是一个关键性的决定因素。譬如说，你有一个十分沉稳的上司时，那你一定也要表现得不慌不忙才可以；如果你的上司凡事都要求速战速决，但你还是一副温吞水模样时一定会被他"修理"的。

摸清你的上司是哪一种人是第一步骤，接下来就是了解你是哪一种人，然后再看看该如何做才能符合他的期望以及做部属的应如何面对，才能讨得他的"欢心"。

搞好你们两人的关系是你们共同的责任，谁也不能推卸。另一方面，你也要明白他有他的工作压力，他也要面对他的上司。

当你的上司对你有所不满时你就要注意了，如果他的不满是合理且正当的，那你就好好地感谢他一番，然后再告诉他如何改进这个缺点；但如果他是毫无道理对你乱发脾气时，也应该这样说，但一定要解释说你了解他的苦衷与沮丧的心情，但不应该毫无道理地发泄在你身上。当然，最重要的是你必须乐于和他一起思考如何解决这个问题。

当一个管理人就像做家长一样，是一种技巧，也是身为导师，身为教练，身为领袖以及身为权威人物的一种气质与倾向。为什么有些管理人比另外一些管理人称职呢？每个人都有他的优点与缺点，如果你不能改善与上司间的关系时，你该换老板了，除非你的工作能让你一辈子保证不和他接触，否则我劝你还是另起炉灶——换个工作算了。

# 第十章 设定目标：
## 领导看多远团队就走多远

对于一个团队而言，领导者设定的目标是照亮前进路途的灯塔。以目标为盾，困难、障碍之矛就显愚钝得多。一个好的目标既不能鼠目寸光，也不能好高骛远，它彰显的是管理者的智慧。而快速、正确的决策是缩短起点与目标距离的有效途径。这就需要管理者必须具备很高的管理、决策水平。

## 谁都愿意为自己的目标而付出

不设目标地工作就等于永远在慵懒和等待中消磨时日，又哪有快乐可言？就如台阶不单是为了承载重量，而是为了帮助一个人的脚步达到新的高度。事业目标是企业对员工的一种利益吸引，也是对员工行为方向的一种引导。

一群年轻人到处寻找快乐，却遇到许多烦恼、忧愁和痛苦。

他们来到海边向哲人请教："快乐到底在哪里？"哲人说："你们还是先帮我造一条船吧！"

这些年轻人暂时把寻找快乐的事儿放到一边，找来造船的工具，用了七七四十九天，锯倒了一棵又高又大的树，挖空树心，造出一条漂亮的独木船。

独木船下水了，他们把哲人请上船，一边合力荡桨，一边齐声高歌。哲人问："孩子们，你们快乐吗？"

他们齐声回答："非常快乐！"

哲人道："快乐就是这样，它往往在你为着一个明确的目的忙得无暇顾及其他的时候，突然来访。"

目标与快乐之间有什么必然的联系吗？一个最简单的逻辑关系是：有了目标心里就有了底气，有了底气工作起来就不怕困难，不怕困难就能享受到克服困难后的快乐。因此，领导者不仅仅停留于制定目标，还要让大家都清楚这个目标。

把员工目标与企业目标间的直接关系用准确、精练的语言写出来，是一件很必要的事。员工应该看到怎样取得成就与提高工作效率会有助于推动企业目标的完成。同时，员工也有必要去了解企业会怎样回报员工，以便帮助员工实现自己的目标。

美国一位著名心理学家为了研究母亲对人一生的影响，在全美选出 50 位成功人士，他们都在各自的行业中获得了卓越的成就，同时又选出 50 位有犯罪记录的人，分别去信给他们，请他们谈谈母亲对他们的影响。有两封回信给他的印象最深。一封来自白宫一位著名人士，一封来自监狱一位服刑的犯人。他们谈的都是同一件事：小时候母亲给他们分苹果。

那位来自监狱的犯人在信中这样写道："小时候，有一天妈妈拿来几个苹果，红红的，大小各不同。我一眼就看见中间的一个又红又大，十分喜欢，非常想要。这时，妈妈把苹果放在桌上，问我和弟弟：'你们想要哪个？'我刚想说想要最大最红的一个，这时弟弟抢先说出我想说的话。妈妈听了，瞪了他一眼，责备他说：'好孩子要学会把好东西让给别人，不能总想着自己。'

"于是，我灵机一动，改口说：'妈妈，我想要那个最小的，把大的留给弟弟吧。'

"妈妈听了，非常高兴，在我的脸上亲了一下，并把那个又红又大的苹果奖励给我。我得到了我想要的东西，从此，我学会了说谎。以后，我又学会了打架、偷、抢，为了得到想要得到的东西，我不择手段。直到现在，我被送进监狱。"

那位来自白宫的著名人士是这样写的："小时候，有一天妈妈拿来几个苹果，红红的，大小各不同。我和弟弟们都争着要大的，妈妈把那个最大最红的苹果举在手中，对我们说：'这个苹果最大最红最好吃，谁都想要得到它。很好，现在，让我们来做个比赛，我把门前的草坪分成三块，你们三人一人一块，负责修剪好，谁干得最快最好，谁就有权得到它！'

"我们三人比赛锄草，结果，我赢了那个最大的苹果。

"我非常感谢母亲，她让我明白了一个最简单也最重要的道理：想要得到最好的，就必须努力争第一。她一直都是这样教育我们，也是这样做的。在我们家里，你想要什么好东西要通过比赛来赢得，这很公平，你想要什么，想要多少，就必须为此付出多少努力和代价！"

这是一个关于儿童教育的故事，但其中体现出的管理思想一样令我们深思。在一个企业里，一个大大的红包，一次难得的晋升机会就是那个"最大的苹果"，谁想得到它就需要用身体力行的付出和卓而不凡的业绩来争取。

这样就会形成一个为了"最大的苹果"的良性竞争气氛。相反，如果只能依靠谎言和暗箱操作得到它，那目标就成了毒化企业管理细胞的毒草，不要也罢。为了自己认可的目标而付出，谁都会心甘情愿。

# ↘ 成功会在道路的尽头等着你

在管理活动中，领导者有责任把目标带入公司，激励众人实现远景。但是主管切须谨记，你并不是单单为了公司而拟定目标，同时也是为了自己。

在非洲一片茂密的丛林里，走着 4 个皮包骨头的男子，他们扛着一只沉重的箱子，在茂密的丛林里跟跟跄跄地往前走。

这 4 个人是巴里、麦克里斯、约翰斯、吉姆，他们是跟随队长马克格夫进入丛林探险的。马克格夫曾答应给他们优厚的工资。但是，在任务即将完成的时候，马克格夫不幸得了病而长眠在丛林中。

这个箱子是马克格夫临死前亲手制作的。他十分诚恳地对 4 人说道："我要你们向我保证，一步也不离开这只箱子。如果你们把箱子送到我朋友麦克唐纳教授手里，你们将分得比金子还要贵重的东西。我想你们会送到的，我也向你们保证，比金子还要贵重的东西，你们一定能得到。"

埋葬了马克格夫以后，这 4 个人就上路了。但密林的路越来越难走，箱子也越来越沉重，而他们的力气却越来越小了，他们像囚犯一样在泥潭中挣扎着。一切都像在做噩梦，而只有这只箱子是实在的，是这只箱子在支撑着他们的身躯！否则他们全倒下了。他们互相监视着，不准任何人单独乱动这只箱子。在最艰难的时候，他们想到了未来的报酬是多少，当然，有了比金子还重要的东西……

终于有一天，绿色的屏障突然拉开，他们经过千辛万苦终于走出了丛林。4个人急忙找到麦克唐纳教授，迫不及待地问起应得的报酬。教授似乎没听懂，只是无可奈何地把手一摊，说道："我是一无所有啊，噢，或许箱子里有什么宝贝吧。"于是当着4个人的面，教授打开了箱子，大家一看，都傻了眼，满满一堆无用的石头！

"这开的是什么玩笑？"约翰斯说。

"一文钱都不值，我早就看出那家伙有神经病！"吉姆吼道。

"比金子还贵重的报酬在哪里？我们上当了！"麦克里斯愤怒地嚷着。

此刻，只有巴里一声不吭，他想起了他们刚走出的密林里，到处是一堆堆探险者的白骨，他想起了如果没有这只箱子，他们4人或许早就倒下去了……巴里站起来，对伙伴们大声说道："你们不要再抱怨了。我们真的得到了比金子还贵重的东西，那就是生命！"

马克格夫是个智者，而且是个很有责任心的人。从表面上看，他所给予的只是一堆谎言和一箱石头，其实，他给了他们行动的目的。人不同于一般动物之处是人具有高级思维能力，因此人就无法和动物一样浑浑噩噩地生活，人的行动必须有目的。虽然有些目的最终仍无法实现，但至少，他会让你的团队走得更远些。

管理者必须不断突破，站在远见的巅峰。滞留原地将使你流于陈旧、缺乏效率。置身今日的环境，位居管理者地位的你必须不断改变、持续发展。你永远无法确定明天还能保有现在的职位。

如果你选对了方向，你所要做的就是一往无前。当然，即使是伟大的目标，如果没有清楚地规划出实现过程，亦无法使员工产生信心。因此，规划出目标的同时，还必须规划出达成目标的具体细节、过程。

有的目标看起来不可企及，但无论怎样，它都在道路的尽头等着你，唯一能使你到达那儿的方法就是盯住目标不放。规划是达成目标必经的过程，指的就是从现在到达成目标所采取的方法、手段及必经之路。

由于要达到最后的结果并不容易，所以要设定前置目标（以此为第一次要目标）。达成第二次要目标也不容易，所以要设定达成第二次要目标的前置目标（第三次要目标）。要达成第三次要目标也不容易……就这样一步一步地设定次要目标，连接到现在。

## ↘ 把目标分成一个个里程碑

与人合作或分配工作时，设法让员工知道明确的目标，会激发员工的斗志，不至于让人在漫无目的的努力中失去动力。其实，人都一样，不了解具体该干些什么，不知道离目标的确切距离，很容易产生不良情绪，从而影响到工作态度和工作热情。

曾有人做过一个实验：组织三组人，让他们分别沿着 10 公里以外的三个村子步行。

第一组的人不知道村庄的名字，也不知道路程有多远，只告诉他们跟着向导走就是。刚走了两三公里就有人叫苦，走了一半时有人几乎愤怒了，他们抱怨为什么要走这么远，何时才能走到？有人甚至坐在路边不愿走了，越往后走他们的情绪越低。

第二组的人知道村庄的名字和路段，但路边没有里程碑，他们只能凭经验估计行程时间和距离。走到一半的时候，大多数人想知道他们已经走了多远，比较有经验的人说："大概走了一半的路程。"于是大家又簇拥着向前走，当走到全程的四分之三时，大家情绪低落，觉得疲惫不堪，而路程似乎还很长，当有人说"快到了"，大家又振作起来加快了步伐。

第三组的人不仅知道村子的名字、路程，而且公路上每一公里就有一块里程碑，人们边走边看里程碑，每缩短一公里大家便有一小阵的快乐。行程中他们用歌声和笑声来消除疲劳，情绪一直很高涨，所以很快就到达了目的地。

把目标分成一个个里程碑，理想就会更容易实现。当定好了大计划之后，管理者需要不时检讨，因为大计划是宏观性的，是总体性的，是抽象模糊不清，涉及很多主观的构思，在开始时还没有得到证实是否可行或将遭遇到什么难题。在计划实践的过程中，管理者会发现不少问题，也会面对客观环境的限制。这时，计划就需要按时作检讨和修订，使之更加符合实际。

管理者可以和拍电影相比。管理者可以说是集监制、编剧、导演于一身。他是监制，因为他获得股东授权可以动用资源。他也是编剧，因为他订出了各场的行动内容。他也是导演，因为他监督各个参与演出的成员的行动，使这场戏演得精彩，拍摄出好的画面。这才是一个成功管理者的写照。

选定什么样的目标，就会产生什么样的结果。没有目标或目标不断飘移抑或仅以赚钱为目标的企业，好比无舵之舟，无缰之马，在激烈的市场竞争中，飘荡奔波，随波逐流，终将一无所成。

## 目标不仅是一种挑战

目标只能在心里，而不能在手上。一个真正的目标必定充满挑战性，正因为它具有挑战性，又是由自己所选择的，所以你一定会积极地想完成它；换句话说，你的目标不仅是一种挑战，同时也是激励你的原动力。

有位年轻人在岸边钓鱼，邻旁坐着一位老人，也在钓鱼，二人坐得很近。

奇怪的是，老人家那儿总有鱼上钩，而年轻人一整天都没有收获。他终于沉不住气，问老人："我们两人的钓饵相同，地方一样，为何你轻易钓到鱼，我却一无所获。"

老人从容答道："我钓鱼的时候，只知道有我，不知道有鱼；我不但手不动，眼不眨，连心也似乎静得没有跳动，令鱼也不知道我的存在，所以，它们咬我的鱼饵；而你心里只想着鱼吃你的饵没有，眼睛不停地盯着鱼，见有鱼上钩，心又急躁，情绪不断变化，心情烦乱不安，鱼不让你吓走才怪，又怎会钓到鱼呢？"

目标放在心里，它会成为动力；目标握在手上，它会成为累赘。为了目标而工作这没有错，但如果工作当中过多考虑达到目标或未能如愿的结果及其对自己的影响，那工作本身就会受到影响。就像一个乒乓球冠军的争夺者，如果决赛时总想着那个生辉的奖杯，冠军注定与他无缘。

　　管理者的目标中必须含有某种能激励员工自我拓展、自我要求的要素，而这些要素也会帮助你不断成长、改变、进步。

　　适当放大工作的意义，再平凡的工作也会让你充满激情。高度的事业心、责任感是做好一切工作的前提，也是领导者核心的基本素质。只有放大工作的意义，尽心尽力、尽职尽责，才能让平凡的工作发出耀眼的火花。

　　有一个渔村住着甲乙两个船长。有人问甲船长为何要天天出海捕鱼？甲船长一脸无奈地答："为了赚钱讨生活。"但乙船长的回答则不然，他精神抖擞神采奕奕地说道："我喜欢海，喜欢它的澎湃汹涌，喜欢它的无边无际，出海是我每天最想做的事。"

　　那个人又问乙船长："难道你不是为了养家糊口吗？""不，生活只是附带的，我天天都想捕条大鱼，那因付出而丰收的过程才是最大的成就感，我喜欢乘风破浪，热爱自我挑战，生活从来不成问题。"乙船长为了捕条大鱼，不仅勤修船、编大网，还时时研究技巧，他和他的伙伴们，捕鱼的技术愈来愈好，捕获量愈来愈高，几乎都是满载而归，生活的确不成问题。

　　而那无精打采的甲船长，每日愁眉不展，水手们也是士气低落，生性慵懒，所以每日所捕的鱼也和他们的精神状态一样：令人遗憾，寥寥无几。

　　有一天甲、乙船长相约同时出海，这时一条硕大的大鱼出现了。甲船长先看见大鱼，却自知设备不足，怕鱼撞翻了船，只有眼睁睁地任大鱼游走。而乙船长准备多时，信心十足地率领士气高昂的水手与大鱼搏斗，经过一番英勇的拼斗，终于齐心协力将大鱼拖回渔村，接受村民英雄式的对待与热诚的欢呼。

　　事业心强的领导无不深刻认同自身工作的意义，为工作的进展做好充分的准备。这样的领导率领的工作团队才会更有战斗力。

虽然说仅有事业心并不能够保证一定可以取得事业的成功，但没有事业心的人则绝对不可能有什么大的成就。每一个成功人士都有一颗很强的事业心，都希望自己成为一个优秀的、出类拔萃的人。

## ↘ 体味团队奋斗时的感受

目标能把人引向辉煌的成功，也能把人引向万劫不复的深渊。你肯定见识过这样的管理者，大肆吹嘘自己的团队管理技巧；你也应碰见过这样的顾问，到处兜售打造团队的理论。但是，这些人好像都没有真正地在哪个团队干过，没有体味过团队奋斗时的感受，也不清楚怎样才能壮大一个团队。

小海马有一天做了一个梦，梦见自己拥有了七座金山。

从美梦中醒来，小海马觉得这个梦是一个神秘的启示：它现在全部的财富是七个金币，但总有一天，这七个金币会变成七座金山。

于是它毅然决然地离开了自己的家，带着仅有的七个金币，去寻找梦中的七座金山，虽然它并不知道七座金山到底在哪里。

海马是竖着身子游动的，游得很缓慢。它在大海里艰难地游动，心里一直在想：也许那七座金山会突然出现在眼前。

然而金山并没有出现，出现在眼前的是一条鳗鱼。鳗鱼问："海马兄弟，看你匆匆忙忙的，你干什么去？"海马骄傲地说："我去寻找属于我自己的七座金山。只是……我游得太慢了。""那你真是太幸运了。对于如何提高你的速度，我恰好有一个完整的解决方案。"鳗鱼说，"只要你给我四个金币，我就给你一个鳍，有了这个鳍，你游起来就会快得多。"海马戴上了用四个金币换来的鳍，发现自己游动的速度果然提高了一倍。海马欢快地游着，心里想，也许金山马上就出现在眼前了。

然而金山并没有出现，出现在海马眼前的是一只水母。水母问："小海马，看你急匆匆的样子，想要到哪里去?"海马骄傲地说："我去寻找属于我自己的七座金山。只是……我游得太慢了""那你真是太幸运了。对于如何提高你的速度，我有一个完善的解决方案。"水母说，"你看，这是一个喷气式快速滑行艇，你只要给我三个金币，我就把它给你。它可以在大海上飞快地行驶，你想到哪里就能到哪里。"海马用剩下的三个金币买下这个小艇。它发现，这个神奇的小艇使它的速度一下子提高了五倍。它想，用不了多久，金山就会马上出现在眼前了。

然而金山还是没有出现，出现在海马眼前的，是一条大鲨鱼。大鲨鱼对它说："你太幸运了。对于如何提高你的速度，我恰好有一套彻底的解决方案。我本身就是一条在大海里飞快行驶的大船，你要搭乘我这艘大船，你就会节省大量的时间。"大鲨鱼说完，就张开了大嘴。

"那太好了，谢谢你，鲨鱼先生!"小海马一边说一边钻进了鲨鱼的口里，向鲨鱼的肚子深处欢快地游去……

如果一个领导、一个企业的领航者像那只小海马一样，为了一个不切实际的梦想去寻求别人的帮助——甚至是对手的帮助，最后的结果只能是在寻求中灭亡。

一个团队要靠什么才能生存下来并取得成功？答案就是拥有团队智慧。

团队智慧是指有效共同工作的能力。一个有自知之明的团队应该同时明白自己的优势和弱势所在。而团队成员应该明了其他成员的特性，知道如何取长补短，还应该知道互相沟通。聪明的团队应该努力达到这层认识，并将其努力保持下去。

正确的用人决策，会引导一个企业的员工朝一个正确的方向努力工作。主动、尽责，当一个领导以此标准作为手下员工晋升的条件时，他们便会以此来要求自己。一个人对工作所持的态度，和他的性情、才智有着密切的关系。

有两个要好的伙伴同时受雇于一家超级市场，开始时大家都一样，从最底层干起。可不久其中的一个受到总经理的青睐，一再被提升，从领班一直到部门经理。而另外一个却像是被遗忘了一般，还在最底层混。终于有一天这个被遗忘的人忍无可忍，向总经理提出辞呈，并痛斥总经理，辛勤工作的人不提拔，倒提拔那些吹牛拍马的人。

总经理耐心地听着，他了解这个小伙子，工作肯吃苦，但似乎缺了点儿什么，究竟缺什么呢？三言两语还说不清楚，说清楚了他也不服，看来……他忽然有了个主意。

"小伙子，"总经理说，"你马上到集市上去，看看今天有什么卖的。"

这个人很快从集市上回来，说刚才集市上只有一个农民拉了车土豆在卖。

"一车大约有多少袋，多少斤？"总经理问。

他又跑去，回来后说有40袋。

"价格是多少？"他再次跑到集市上。

总经理望着跑得气喘吁吁的他说："请休息一会儿吧，我们来看看你的朋友是怎么做的。"说完叫来他的朋友，并对他说："你马上到集市上去，看看今天有什么卖的。"

他的朋友很快从集市上回来了，汇报说到现在为止只有一个农民在卖土豆，有 40 袋，价格适中，质量很好，他带回几个让总经理看。这个农民一会儿还将弄几箱西红柿上市，据他说价格还公道，可以进一些货。他想这种价格的西红柿总经理大约会要，所以他不仅带回来几个西红柿做样品，而且把那个农民也带来了，他现在正在外面等回话呢。

总经理看了一眼旁边红了脸的小伙子，说："这就是你朋友得到晋升的原因。"

工作是人生的部分表现，职业则是他志向的表示、理想的体现，所以，了解一个人的工作，从某种程度上就是了解那个人。

自尊、自信是领导者考察下属的必备条件，那些在工作上不肯尽心尽力而只求敷衍塞责的人，是无法具备这种自尊、自信的心态的。如果一个人轻视自己的工作，那么他也绝不会尊敬自己。当今社会，许多人不尊重自己的工作，不将工作看成创造事业的基本要素和发展人格的工具，而视为衣食住行的供给者。如果一位领导者不幸拥有过多这样的下属，其工作成效就可想而知。

## 决策者本身必须坚决

　　冷静决策是最简单的领导智慧。任由头脑发热，怒火中烧，便会失去理智，意气用事，这是领导者做决策时的大忌。不妨做一下慢处理，比如先让自己从心里数到一百，再作决定，这样冷静决策，其结果可能截然不同。

　　从前有个又穷又愚的人，在一夕之间突然富了起来。但是有了钱，他却不知道如何来处理这些钱。

　　他向人诉苦，这个人便开导他说："你一向贫穷，没有智慧，现在有了钱，不贫穷了，可是依然没有智慧。劝你进城里去，那里有大智慧的人不少，你出百把两银子，别人就会教你智慧之法。"

　　那人去了城里，逢人就问哪里有智慧可买。

　　有位哲人告诉他："你倘若遇到疑难的事，且不要急着处理，可先朝前走七步，然后再后退七步，这样进退三次，智慧便来了。"

　　"'智慧'就这么简单吗？"那人听了将信将疑。

　　他当天夜里回家，推门进屋，昏暗中发现妻子居然与人同眠，顿时怒起，拔出刀来便要砍下去。

　　这时，他忽然想起白天哲人告诉他的话，心想：何不试试？

　　于是，他前进七步，后退七步，又前进七步……点亮了灯光再看时，竟然发现那与妻子同眠者原来是自己的母亲。

冷静的决策能力是可以后天塑造的。成功的管理者，大都是能够掌握自己心态并且善于退让的人。我们成长和成熟的过程，就是不断塑造自己的过程，选择冷静的还是冲动的态度，这一点非常重要。

沉默法则要求：无论在困境之中还是即将成功之时都要闭紧嘴巴。在面对困境或是即将成功时，不要在意别人的议论，要意志坚强。

一群人到山上去打猎，其中一个猎人不小心掉进很深的坑洞里，他的右手和双脚都摔断了，只剩一只健全的左手。

坑洞非常深，又很陡峭，地面上的人束手无策，只能在地面喊叫。

幸好，坑洞的壁上长了一些草，那个猎人就用左手撑住洞壁，以嘴巴咬草，慢慢地往上攀爬。

地面上的人就着微光，看不清洞里，只能大声为他加油。

等到看清他身处险境，众人忍不住议论起来：

"哎呀！像他这样一定爬不上来了！"

"情况真糟，他的手脚都断了呢！"

"对呀！那些小草根本不可能撑住他的身体。"

"他的老母亲和妻子可怎么办才好！"

落入坑洞的猎人实在忍无可忍了，他张开嘴大叫：

"你们都给我闭嘴！"

就在他张口的一刹那，他再度落入坑洞，当他摔到洞底即将死去之前，他听到洞口的人异口同声地说：

"我就说嘛！用嘴爬坑洞，是绝对不可能成功的！"

猎人摔下去了，他能怪谁？只能怪他自己。为脱离困境往上爬的是他自己，他不能堵住别人的嘴，但他可以决定对待别人的议论的态度。在一个团队之中，每当一个决策即将出台或者出台之后，总会有这样或那样的议论，作为领导者对这些议论当然要去听，并从中获取真实的信息，了解、分析大家的意见；但决策本身必须坚决，而且一旦确定，别人的任何言论都可当做耳旁风，让事实说话就是了。

## ↘ 领导者需要关注的是未来

决策前多思考，实施后勿"累脑"。作为一个领导者，当你想决策一个问题时，真正面临的常常是一堆问题。所以，作为决策者、领导者来说，决策绝不只是一句话、一个命令或一份文件。作决策需要多思考，多想几个"为什么"。

一位患得患失的企业家，向经营大师威廉·詹姆斯请教成功之道。大师并没有直接告诉他答案，只是叫他去拉斯维加斯的赌场看看轮盘赌博。

一星期后，他像小孩似的冲进大师房里，同时还兴奋地大叫："我想通了！在赌桌边，我豁然开朗啦……"

"你想通什么了？"大师望着眉飞色舞的企业家。

"我注意到那些十赌九输的人都有两个特点：下注前，他们毫不在意，可是当轮盘一开始转动，他们却都七上八下，个个都开始心跳气喘起来。"

企业家停了一下，又再说道："我突然觉得这些人好傻，因为他们如果要担心，也应该在下注之前，在那时候多动动脑筋还管用些。

之后，赌注既然已经下了，而赌盘也已经旋转，就不妨以轻松的心情静待结果。假如此时再伤脑筋，也只有徒增惊怕的分，一点用处都没有！

大师频频点头。那位企业家继续说道："经营事业又何尝不是如此！在策划方案时，就该多方思虑利弊得失；不过一旦下决心并付诸实行后，就毋须挂心，也不必患得患失。"

决策前摸清事实，多方求证，选择最佳方案；一旦付诸行动就要把精力放在决策的实施上。患得患失的话，再好的决策其结果也会大打折扣。

在工作的不同阶段，要对形势发展进行分析，确定下一步方案。将计划进程的详细步骤列出来，可帮助你有效地对付工作或环境等条件变化可能带来的不利影响。同你的同事共同探讨问题，努力争取实现每一阶段的目标，或者改进计划，使之更加切实可行。订立了目标之后，不管目标是什么，都必须有务必实现的决心，才能称为"目标"。订立了明确的目标之后，就要尽快地实现，这是最重要的先决条件。

规划未来并不能保证将来摆在面前的一切困难和问题都会得到解决或变得容易，也没有可以套用的现成公式；但是它有利于你及早地发现和较好地解决新难题。

领导者既要有正确决策的智慧，又要具备勇于承担、一往无前的胸怀和风度。

领导者的管理工作——决策与实施的过程——就如同一次旅行，如果把每一个阶段的成败得失全都扛在肩上，那今后的路你就没有办法去走了。所以，你必须丢弃过去的一些旧的东西，跟过去说再见。

一个老农夫肩上挑着一根扁担信步而走，扁担上悬挂着一个盛满绿豆汤的罐子。他不慎失足跌了一跤，罐子掉落地上摔得粉碎，这位老农夫仍若无其事地继续往前走。

这时，有一个人急忙跑过来激动地说："你不知道罐子破了吗？"

"我知道，"老农夫不慌不忙地回答道，"我听到它掉落了。"

"那么你怎么不转身，看看该怎么办？"

"它已经破碎了，汤也流光了，你说我还能怎么办？"

忘记过去的事情是为了更好地做好其他的工作，为了真正地做好管理工作，你应该不再考虑什么是大事，什么是小事。难道打扫卫生或向一个员工问好就是小事？召开一次战略规划会议、销售介绍会或者财务分析会，就是大事？

从打扫卫生到财务分析会议，每一件事都可能成为重大的事件。我们连最细小的行动，都无法预见其最终结果。因此，每一个行动都值得给予足够的关注，则其结果将会非常不同。

若你认为宏图大略才是当务之急，那么此想法将会诱使你相信所有的细节不值得关注。但与此同时，也将有一大堆"小事"带来一连串麻烦，导致你的重大机会被破坏，直至化成泡影。

重要的是，所有已发生的都是小事，领导者需要关注的是未来。

# ↘ 目标的高度决定努力的程度

目标的高度决定努力的程度。没有什么目标比生存更能激发人的活力。当一个企业面临困境时，如果领导人能够树立起决不言败的信心，并给大家一个共同生存的目标，调动起各种积极因素，也肯定能像下面那只羚羊一样，跑得比猎狗快一步。

草原上，一只猎狗正在猎捕一只羚羊，经过漫长的奔跑，猎狗还是没有追上羚羊。最后，猎狗趴在地上喘着粗气问羚羊："老弟，凭实力，我跑得比你快，可为什么到关键一步时总是比你差一点？"

羚羊回答说："你是比我跑得快，但你总是抓不到我，也许是因为我们奔跑的目的不一样吧！"

"奔跑的目的？"猎狗很是不解地问道。

"是的，你奔跑的目的只是为了完成任务，讨好你的主人，而我奔跑的目的却是为了活命！"羚羊说。

今天的生活状态不是由今天所决定，它是自己过去生活目标的结果；明天的生活状态不是由未来决定，它将是我们今天生活目标的结果。

目标的威力就是：给人的行为设定明确的方向，使人充分了解自己每一个行为的目的；使自己知道什么是最重要的事情，有助于合理安排时间；迫使自己未雨绸缪，把握今天；使人能清晰地评估每一个行为的进展，正面检讨每一个行为的效率；使人能把重点从工作本身转移到工作成果上来；使人在没有得到结果之前，就能"看"到结果，从而产生持续的信心、热情与动力。

每个人都应该有自己的人生目标。可以说，这是一个人对自己人生的规划，这个规划在某种意义上是比较人文化、社会化的。只有制定正确的人生目标，我们才能向着这个目标而努力奋斗。如果把目标定在暗礁处，那么你所驾驶的大船也只能驶向暗礁。

一个牧羊人为了扩张自己的事业，决定培养一只狼做帮手。于是，他每天训练狼如何捕捉小羊。他希望通过狼把邻近羊群中的小羊据为己有。

这只狼是人工抚养大的，没有经过野生训练，所以胆子很小。为了鼓励它，牧羊人说："你是一只狼呀，既然如此，那么你要相信自己能够变成一只杰出的狼！"

这只狼果然变得很杰出，因为它把自己主人的羊也捕捉到了自己的肚子里。

在这个故事中，从目标的角度讲，牧羊人以侵占别人的小羊为目标，是不仁的，这本身就是一个错误。错误的目标或许能得一时一事之利，但结果的惨败则是注定了的。从决策这一角度讲，以"驯狼"作为实现既定目标的手段实为不智，这是极其愚蠢的。狼性难改，你给了它一个捕捉小羊的技能，也就为自己的小羊们掘好了坟墓。

# ↘ 防患于未然胜于治乱于已成

管理者的决策在某种程度内有效，但当超过某种极限时，则将无计可施，所以这就需要决策层未雨绸缪，不能以救急眼光来作决策。

魏文王问名医扁鹊说："你们家兄弟三人，都精于医术，到底哪一位最好呢？"

扁鹊答："长兄最好，中兄次之，我最差。"

文王再问："那么为什么你最出名呢？"

扁鹊答："长兄治病，是治病于病情发作之前。由于一般人不知道他事先能铲除病因，所以他的名气无法传出去；中兄治病，是治病于病情初起时。一般人以为他只能治轻微的小病，所以他的名气只及本乡里。而我是治病于病情严重之时。一般人都看到我在经脉上穿针管放血、在皮肤上敷药等大手术，所以以为我的医术高明，名气因此响遍全国。"

事后控制不如事中控制，事中控制不如事前控制，可惜大多数的企业经营者均未能体会到这一点，等到错误的决策造成了重大的损失才寻求弥补方法。而结果往往是即使请来了名气很大的"空降兵"，结果也于事无补。

当我们的企业因管理不科学而致公司遭受一系列的损失时，我们就会清醒地认识到企业管理中的"预防重于治疗"这一道理的重要性。

就现实中的管理者而言，那些因管理不善，而使服务质量滑坡的公司，总会在同行的竞争中被淘汰。试问究其何故？可以用这样的话来概括，那就是"没能防患于未然"。

有位客人到某人家里做客，看见主人家的灶上烟囱是直的，旁边又有很多木柴。客人告诉主人说，烟囱要改曲，木柴须移去，否则将来可能会有火灾，主人听了没有作任何表示。

不久主人家里果然失火，四周的邻居赶紧跑来救火，最后火被扑灭了，于是主人烹羊宰牛，宴请四邻，以酬谢他们救火的功劳，但并没有请当初建议他将木材移走、烟囱改曲的人。

有人对主人说："如果当初听了那位先生的话，今天也不用准备筵席，而且没有火灾的损失，现在论功行赏，原先给你建议的人没有被感恩，而救火的人却是座上客，真是很奇怪的事呢！"主人顿时醒悟，赶紧去邀请当初给予建议的那个客人来吃酒。

一般人认为，足以摆平或解决企业经营过程中的各种棘手问题的人，就是优秀的管理者，其实这是有待商榷的，俗话说："预防重于治疗"，能防患于未然之前，更胜于治乱于已成之后，由此观之，企业问题的预防者，其实是优于企业问题的解决者。

## ↘ 称职的领导有总揽全局的能力

　　有些时候事情的表面并不是它实际的样子。如果你有信念，你只需要坚信付出总会得到回报，劳动总会得到收获。

　　两个旅行中的天使到一个富有的家庭借宿。这家人对他们并不友好，并且拒绝让他们在舒适的客人卧室过夜，而是在冰冷的地下室给他们找了一个角落。当他们铺床时，较老的天使发现墙上有一个洞，就顺手把它修补好了。年轻的天使问为什么，老天使答道："有些事并不像它看上去那样。"

　　第二晚，两人又到了一个非常贫穷的农家借宿。主人夫妇俩对他们非常热情，把仅有的一点点食物拿出来款待客人，然后又让出自己的床铺给两个天使。第二天一早，两个天使发现农夫和他的妻子在哭泣，他们唯一的生活来源———一头奶牛死了。年轻的天使非常愤怒，他质问老天使为什么会这样，第一个家庭什么都有，老天使还帮助他们修补墙洞，第二个家庭尽管如此贫穷还是热情款待客人，而老天使却没有阻止奶牛的死亡。

　　"有些事并不像它看上去那样。"老天使答道，"当我们在地下室过夜时，我从墙洞看到墙里面堆满了金块。因为主人被贪欲所迷惑，不愿意分享他的财富，所以我把墙洞填上了。昨天晚上，死亡之神来召唤农夫的妻子，我让奶牛代替了她。所以有些事并不像它看上去的那样。"

有句广告语：每个人都是一座山，世上最难攀越的山，其实是自己，往上走，即便是一小步，也有新高度。人生就像登山，要领略到绝美的风景，我们必须比别人站得高。很多时候遥看目标，似乎高不可攀，其实每向前一步，我们也就距离目标更近一步。在攀登的过程中，困难肯定是有的，但畏难惧险只会阻碍自己前进的步伐。"无限风光在险峰"，它会引导我们走向成功。

作为一个称职的领导，只有总揽全局，腾出精力作一些决策性、规划性的工作，才是一位合格的领导。而那些具体的工作应交由他的下属们去执行，给他们充分的空间和自由，实现充分授权。只有这样，才能确保企业用到符合岗位标准的员工，又能让员工感到有足够的发挥空间，在企业得到自身价值的认可。

一个人在高山之巅的鹰巢里，抓到了一只幼鹰，他把幼鹰带回家，养在鸡笼里。这只幼鹰和鸡一起啄食、嬉闹和休息。它以为自己是一只鸡。这只鹰渐渐长大，羽翼丰满了，主人想把它训练成猎鹰，可是由于终日和鸡混在一起，它已经变得和鸡完全一样，根本没有飞的愿望了。主人试了各种办法，都毫无效果，最后把它带到山顶上，一把将它扔了出去。这只鹰像块石头似的，直掉下去，慌乱之中它拼命地扑打翅膀，就这样，它终于飞了起来！

每个人都希望用自己的能力来证明自身价值，手下也不例外。给他们更大的空间去施展自己的才华，是对他们最大的尊重和支持。不要害怕他们失败，给予他们适当的扶持和指点，放开你手中的"雄鹰"，让他们翱翔于更宽阔的天空。他们的成长，将为你的工作带来更大的贡献。他们的成长，将促使你的事业大踏步地前进。